다시 생각하는 은퇴 경제학

다시 생각하는
은퇴경제학

| 전기보 지음 |

RETIREMENT ECONOMICS

www.book21.com

• CONTENTS

프롤로그

글을 시작하며 · 은퇴전문가가 되기까지 · 10

은퇴란 무엇인가   01

01 은퇴를 바라보는 일반적 시각 · 25
02 은퇴의 개념 바로 알기 · 28

'누가, 어떻게' 은퇴할 것인가?   02

01 은퇴를 실질적으로 고려하고 준비해야 할 세대 · 41
02 은퇴설계에 앞서 고려해야 할 7가지 · 51
03 은퇴에 대한 고정관념 깨기 · 59
04 은퇴의 진행과정 미리보기 · 74
05 행복한 은퇴를 위한 마음의 준비 9가지 · 85

은퇴설계 실전 전략 03

- 01 준비자세 · 123
- 02 '노령'에 대해 충분히 이해하라 · 132
- 03 누구와 살 것인가를 고려하라 · 150
- 04 무엇을 하며 지낼 것인가? · 184
- 05 어디에서 살 것인가? · 209
- 06 다시 생각하는 은퇴 경제학 · 215

행복한 은퇴생활을 꾸려가는 사람들 부록

- 01 뚝심 있게 꿈을 밀고나간 부부 · 아내뜨의 윤석영, 박정림 부부 · 244
- 02 좋아하는 일로 새로운 인생을 · 와인앤프렌즈의 구덕모 사장 · 251
- 03 딸과 함께 새로운 일을 하는 행복 · 지산 분재원의 조원희 씨 · 254
- 04 은퇴 설계 워크숍 후기 · 아내뜨 1박 2일의 기억들 · 257

● 프롤로그

　많은 사람들은 은퇴와 관련된 세 가지의 핵심적 요소로 시간과 자원과 건강을 꼽는다. 그리고 은퇴설계에 대해서도 너무나도 쉽게 저축한 돈으로 편안하게 여행이나 다니며 취미생활로 건강한 여생을 보낼 것이라고 이야기한다.

　여기서 생각해 보자. 만약 누군가가 앞으로 30년 정도의 은퇴생활을 지속해야 한다면 약 26만 시간 정도가 할당되는 셈이다. 행복한 은퇴란 이 많은 시간들을 누구와 어떻게 보내는가에 의해 결정된다. 그리고 이렇게 많은 시간을 보내는 동안 저축한 것을 가지고 쓰기만 하는 소비활동 중심의 은퇴생활을 계속하는 데는 너무나 많은 자원이 필요하다. 또 점점 늘어나는 수명은 어디까지나 사람들의 평균수명을 말하는 것이고 내가 건강하게 얼마나 오래 사느냐 하는 '나의 건강수명'은 전혀 별개의 문제다. 진정한 행복은 건강하게 오래 사는 것을 말하는 것이기 때문이다.

　이렇듯 은퇴와 관련된 세 가지 핵심 요소인 시간, 자원, 건강은 어느 것 하나 가볍게 생각할 문제가 아니다. 그래서 나는 은퇴와 관련된 이 세 가지의 문제를 해결하는 가장 좋은 방법은 죽는 날까지 자신이 좋아하는 일을 하는, 생산활동 중심의 은퇴생활을 준비하라고 충고하고 싶다. 다음은 은퇴 후를 준비했던 나의 이야기다.

40대 초반이던 2000년, 나는 처음으로 미국으로 연수를 가던 날로부터 딱 1년 반 뒤인 2002년 월드컵 열풍이 전국을 뒤덮었던 그해 여름까지 자격시험을 위한 수험준비로 보냈다. 예비 시험까지 포함하여 2년 반 정도의 시간과 400여만 원에 이르는 교육비, 그리고 알토란 같은 여름휴가와 명절휴가, 또 그 다음해 2월까지 계속된 마음고생과 맞바꾼 것은 CFP(국제 공인 재무설계사) 자격증 때문이었다.

인재 스카우트 분야에서 일하던 직업 덕분에 평생직장보다는 평생직업의 중요성에 대해 일찍부터 눈떴던 나는 이 자격증을 따기 위해 3년여 동안 심혈을 기울였다. 그리고 이 자격증은 내 인생 후반부의 삶을 바꾸는 데 실로 엄청난 영향을 미쳤다. 2003년 2월 자격시험에 최종 합격한 후 많은 교육기관에서 강의 요청이 있었고 협회에서는 이사로 활동을 하게 되었다. 자격시험과 관련된 교재 집필과 자격시험의 출제에도 관여를 했고 회사를 나온 뒤에 새롭게 시작한 사업의 분야도 그 자격과 관련된 것이었다.

그 뒤 2005년에 나는 박사 과정에 입학했고, 2년 반의 과정 동안 학비로만 3천여만 원을 지출했다. 물론 회사 업무도 게을리 하지 않으면서 야간에 진행되는 수업에는 빠짐없이 참석했고 리포트도 충실히 제출했다. 그리고 졸업논문을 쓰기 위해 밤을 새우며 보냈던 1년 가까운 시간들은 너무나 당연하게 요구되는 희생이었다. 마침내 49살이라는 나이에 경영학 박사학위를 받았고 여러 대학에서 강의를 하다가 51살에 대학 전임교수가 되었다.

은퇴 경제학이란 은퇴생활에서 필요한 자원의 조달과 관리, 공급 등에 관한 문제를 다루는 것을 말한다. 위에서 말했던 CFP 자격증은 400여만 원의 교육비와 2년여의 준비 기간이 필요했지만 그로 인한 경제적 수입은 비용을 훨씬 상회했다. 그 자격증은 그동안 강사료만으로도 1억여 원 이상의 소득을 올리게 했을 뿐만 아니라 대학교수라는 직업을 획득하는 데에도 큰 영향을 미쳤다. 박사학위 역시 3천여만 원의 학비와 3년여의 시간이라는 비용을 요구했지만 51살부터 65세까지 내가 교수로 활동하면서 올릴 수 있는 소득을 계산해 보면 그것은 절대 큰 투자가 아니었다. 물론 그런 자격과 학위를 받은 모든 이들이 똑같은 결과를 얻지는 않겠지만 만일 자기 계발에 투자하지 않고 그 돈을 은퇴자금으로 쌓아두기만 했을 경우 과연 비슷한 효과를 얻을 수 있었을지는 의문이다.

베이비부머의 은퇴가 사회적인 문제가 되고 있다. 이 문제를 해결하기 위한 다양한 방법들이 존재하겠지만 무엇보다 생산활동 중심의 은퇴생활 준비로 사고를 전환해야 한다. 또한 개인과 사회 모두 이런 방향의 은퇴생활이 진행될 수 있도록 준비하고 시스템적인 지원책을 마련은 물론, 은퇴자금을 마련하기 위한 투자조차도 생산적인 은퇴생활을 가능케 하는 방향에서 이루어져야 한다.

이 책에서 나는 우리 사회의 40~50대들이 앞으로의 삶을 어떻게 준비해서 이런 문제에 잘 대처할 수 있을까에 대해 작은 도움이나마 되고자 고심했다. 모쪼록 독자들께 유용한 참고가 되기를 바란다.

2010년 4월
행복한 은퇴연구소장
전기보

● 글을 시작하며

은퇴전문가가 되기까지

48세, 한창 나이에 당한 해고

그날은 회사 창립기념일이었다. 기념행사를 마치고 14층에 있는 사무실에 올라간 시간이 오후 4시경. 막 자리에 앉으려는데 3층 대표이사실에서 연락이 왔다. 대표이사의 호출은 수시로 있는지라 일상적인 것이었는데 이상하게도 이날따라 매우 느낌이 좋지 않았다. 3층 임원실에서 만난 대표이사는 의자에 앉으라는 말도 없이 내 후임자가 발령이 났으니 당장 자리를 비우라는 것이었다. 그러면 나는 어디로 가느냐고 물었더니 아직 자리가 결정되지 않았으니 좀 기다려보자고 대답했다. 그리고… 결국 그걸로 끝이었다.

20대 중반에 입사해서 20여 년간 앞만 보고 달려왔던 나. 신설 사업부의 부서장 자리에 사내 공모를 통해 선발되어 달랑 책상 하나 들고 가서 거의 혼자 힘으로 일구어내다시피한 조직에서 정작 내가 밀려나게 될 거라고 생각해 본 적은 별로 없었다.

사실 이는 임원급의 해고 절차로서 거의 전형적인 것이었다. 하지만 막상 나 자신에게 닥치고 보니 믿기지 않았다. 나는 정확한 인사 이유를 알려주지 않고 조금만 기다려 보라는 대표이사의 말과 수일 내로 회장에게 새로운 사업에 대한 설명회를 진행해서 동의를 얻으면 그 자리에 갈 수 있으니 최대한 준비를 잘하라는 인사담당 임원의 말을 액면 그대로 받아들였다.

나는 인사부의 한 구석에 마련된 대기석에서 새로운 사업에 대한 기획안을 준비하기 시작했다. 그러나 조직을 통솔하며 일하던 업무방식에 익숙해 있던 내가 모든 것을 혼자 처리해야 하는 상황이 되고 보니 어려운 점들이 한둘이 아니었다. 자료수집을 도와주어야 할 부서에서는 엉뚱한 방어심리로 철저하게 자료협조를 거부했다. 또한 나중에 알게 된 일이었지만 그동안 나의 업무 추진방식에 대해 불만을 갖고 있던 간부직원의 내부고발 때문에 나에 대한 자체 감사까지 진행되고 있었다.

이런 분위기 속에서 충분하게 준비도 못한 채 사업계획 보고를 하게 되었고, 또 설상가상으로 참고인으로 그 자리에 참석했던 타 본부장이 끝까지 나의 새로운 사업계획에 의문을 제기해 결국 회장의 동의를 얻는 것은 실패하고 말았다.

하지만 여전히 임원 임기가 6개월 이상 남아 있었기 때문에 그 기간 동안 어떻게든 새로운 사업을 찾아보고 싶었다. 그러나 시간이 흐를수록 점차 이건 아니라는 생각이 서서히 고개를 들었다. 평소 회사가 인생 전부를 책임져줄 수는 없으니 언젠가는 회사를 그만둘 수 있다는 생각으로 근무하라는 회장의 말과 나 스스로의 판단을 바탕으로 퇴직 후에 대해서 나름의 준비를 하고 있었지만 정말 회사를 그만두고도 잘 지낼 수가 있을까 하는 걱정이 무겁게 가슴을 짓눌렀다. 그때가 내 나이 48세였다.

새로운 인생, 도전에 착수하다

사실 나는 40대에 접어들어 새로운 사업본부를 맡아 일하는 과정에서 외부와의 접촉을 통해 그동안 회사와 일밖에 몰랐던 자신에 대한 새로운 관점들이 생겨나 있긴 했다. 내가 맡았던 부서의 일이 직장생활을 하던 사람들 가운데서 인재를 스카우트해서 영업전문가로 새롭게 양성하는 업무이다 보니 평생직장보다는 평생직업에 대한 새로운 사고를 갖게 되었던 것이다.

이런 자각을 바탕으로 나는 45세에 평소 좋아했던 골프 티칭프로 자격증과 금융업을 평생 할 수 있는 AFPK 자격증 그리고 글로벌 금융자격증인 CFP(국제공인 재무설계사) 자격증을 따 둔 상태였으며, 한국FP협회의 비상근 이사로 활동하고 있었다. 또한 임원으로 승진하던 해에 향후 사람들과의 관계형성에 도움이 될 것 같아 라이프코치 자격증도 따 두었다.

다음 해에는 회사에서 보내주는 최고경영자 과정에 입학해서 만난 다양한 업종의 전문가들을 통해 또 다른 세상을 보는 시각을 갖게 되었다. 그리고 그 이후 박사과정에 입학하여 학업과 회사 일을 병행하던 과정에서 대기발령을 받은 것이었다.

　이렇듯 나름대로 열심히 앞날에 대비해 오긴 했지만 회사를 그만둔다는 것은 쉬운 일이 아니었다. 회사에서는 특별한 변화 없이 대기 생활이 계속되었지만 나는 여전히 회사에서 새로운 자리를 찾으려는 미련을 버리지 못하고 있었다.

　그러던 차에 어느 회사로부터 함께 일하자는 제의를 받게 되었다. 대우의 수준도 현재와 비슷했고 더욱이 내가 짬짬이 CFP 수험 준비생들에게 강의를 진행하면서 용돈 이상의 소득을 올리고 있던 상황에 대해서도 충분히 양해를 하겠다는 것이어서 사실 그동안 걱정했던 많은 것들, 이를테면 회사를 그만두면 월급은 어떻게 조달할까, 그리고 정말 내가 하고 싶은 일을 하며 생활할 수 있을까 등의 고민들이 실은 별 게 아닌 것 같다는 '과감한' 생각을 하게 되었다. 그리하여 23년간 근무하던 회사와는 마침내 결별을 하게 되었다.

　그러나 이 선택은 결국 퇴직자들이 흔히 겪는, 급여 보전에 대한 조급함이 만들어낸 전형적인 실패의 사례로 끝나고 만다. 그 회사의 근무 여건은 처음 약속과는 달리 많은 부분이 기대 이하였고 도저히 내가 가서 일을 할 수 있는 여건이 아니었던 것이다.

　그러나 전화위복이라 했던가. 때마침 그 시점은 금융시장에서 한창 CFP 자격증 열풍이 불면서 강사에 대한 수요가 폭발적으로 팽창해 있던 때여서 몇 군데의 교육기관에서 전속 강사 제의가 왔다. 나는 내 브랜드를 가지고 FP를 대상으로 하는 재무설계 강좌를 만들어 진행하는 한편 CFP 수험생을 위한 학원, 산업체에서 전문 강사로서의 새로운 생활을 시작하게 되었다.

새로운 생활을 경험하다

대부분의 사람들이 회사를 그만두면서 맨 먼저 하는 걱정이 아침에 일어나서 출근할 곳이 없으면 어떻게 할까, 그리고 급여를 어떻게 채울까 하는 것이다. 하지만 다행히도 나에게는 퇴직한 회사에서 6개월간 고문으로 근무할 사무실과 일정액의 급여도 지급받고 있었다. 거기다가 다소 불안하기는 했지만 2개월 이후의 일정까지 강의 스케줄도 잡혀 있어서 조건이 좋은 편이었다.

그러나 회사가 제공한 사무실에서 동료 퇴임 임원 한 분과 하루 종일 얼굴을 마주보고 지낸다는 사실이 말처럼 쉽지 않았다. 마치 그 분의 얼굴과 표정에서 또 다른 나를 보는 것 같아서 고통스러웠다. 그래서 사무실까지 출근하는 시간도 아끼고 강의 준비도 집에서 하는 것이 낫겠단 판단에서 사무실로의 출근을 포기하고 말았다. 한데 이렇게 집에서 지내게 되면서 그동안 생각지도 못했던 몇 가지의 어려움을 겪게 되었다. 집사람과의 관계가 매우 어색해진 일이었다.

회사를 그만두는 과정에서 앞으로 전개될 상황에 대해 비교적 자세히 이야기를 해 놓은 터라 새로운 일을 시작하기까지 집에서 작업하면서 아내의 도움을 받을 수 있으리라 생각했는데 그것은 나만의 착각이었다. 아내는 내가 회사를 그만둔 사실이 주변에 알려지는 것을 결코 원치 않았다. 점심 시중도 처음 일주일 정도가 고작이었다. 그리고 무엇보다 난감한 일은 낮에 혼자 집에 있을 때 집으로 걸려오는 전화였다. 낮 시간에 내가 집에서 전화받는 것을 이상하게 여겨 물어오는 사람들한테 남편이 회사를 그만둔 사정을 일일이 설명하는 것을 불편하게 생각한 아내의 신신당부로 전화를 받지 않으려 했지만 계속 울려대는 전화벨 소리는 강의 준비에 집중하는 것을 방해했다.

예상치 못했던 또 다른 사건은 아내가 나와 함께 뒷산에 오르는 것을 거절한 일이었다. 회사 다닐 때는 같이 산에 다니지 않는 것에 그렇게 불만을 가졌던 아내가 막상 퇴직을 하고 나서 건강도 챙길 겸 함께 산에 오르자고 했더니 동네 사람들의 이목을 의식한 탓인지 대답하지 않는 것이었다.

퇴직이 당사자에게만이 아니라 가족 전체에 미치는 영향에 대해서도 생각해 보아야 하는 것이 이런 점들 때문이다. 남편은 그동안 가족을 위해 봉사했던 시간에 대한 보상 심리로 가족들이 자신을 위해 무언가를 해줄 것으로 기대하지만 가족들은 남편이나 아빠를 귀찮은 존재로 생각할 수 있다. 이 점을 전혀 예상치 못한 상태에서 가족의 이런 반응에 접하게 되면 퇴직에서 받은 충격과는 다른, 가족 구성원들로부터 2차 충격을 받게 된다.

나는 새로운 환경에 적응하기 위해 정말 열심히 일했다. 백수가 과로사한다는 말이 무슨 뜻인지 알 것 같았다. 어떤 때는 일주일에 46시간 강의를 한 적도 있었다. 심지어는 하루 열두 시간을 내리 강의한 적도 있었는데 마지막 시간은 하루 종일 너무 말을 많이 하다 보니 자꾸 혀가 꼬여서 발음이 흐려지고 거의 목소리가 나오지 않을 정도가 되었다. 그러나 그렇게 시간이 지나면서 내 강의는 지명도가 높아졌고 시간당 강사료가 올라가기 시작했으며 소득도 많아졌다.

동업과 실패, 그리고 홀로서기

> 사업적인 관계에서는 전적으로 신뢰하는 친구라 할지라도,
> 약간의 의심이라도 든다면 그만둬라.
> ─ Life's Secret Handbook for Having Great Friends

프리랜서로 바쁘게 강의를 다니면서 나름의 일상에 적응하고 있던 중, 강의가 지속적으로 확보될지에 대한 부담감과 여태껏 갑의 입장에 있던 내가 을의 입장이 되어 강의를 맡겨달라는 부탁을 하고 그쪽 스케줄에 나의 일정을 조정하는 처지에 대한 불편함 때문에 차츰 고정 소득과 안정된 소속이 필요하다는 생각이 들었다.

그러던 차에 재직 시절에 인연을 맺었던 한 분을 만나게 되었다. 미국에서 오랫동안 금융업에 종사하다가 귀국해서 당시로서는 익숙하지 않은 사모펀드를 운영하고 있는 분이었는데, VIP고객들을 상대로 고액의 강의료를 받으며 금융상품 판매에 관한 교

육도 하고 있었다. 나도 나름 전문 강사로 고수익을 올린다고 생각하고 있었는데 강의 시간과 수입 등이 비교가 되지 않았다. 그의 주선으로 금융상품 판매조직을 가진 또 다른 분도 소개를 받았는데 만나 보니 예전에 회사에 있을 때 강사로 초청해서 강의를 들었던 인연이 있는 금융계 출신의 사람이었다.

이미 사업에 대한 대화가 상당히 진척된 두 분에다 나의 아이디어까지 가세하자 우리 셋의 동업에 관한 이야기는 급물살을 탔다. 그러나 우여곡절 끝에 처음 만났던 분은 빠지고 둘이서 공동대표를 맡고 실무를 담당할 한 사람을 영입해 고객 자산관리 전문회사를 차리기로 합의를 보았다. 마침 전에 다니던 회사에 근무하고 있던 선배가 이런 금융상품 판매회사에 대한 새로운 모델이 될 만한 곳을 찾고 있었는데 나를 전적으로 지원해주겠다는 제안도 있어서 출발은 순조로웠다.

하지만 동업은 생각처럼 쉽지 않았다. 갈등은 개업식에서부터 시작되었다. 개업식에 초대하는 사람들은 우리 사업에 매우 중요한 의미를 가지고 있었다. 그것은 우리가 하려는 사업이 일반적인 광고나 홍보를 통해 고객을 모아서 하는 사업이 아니라 결국 자신의 인맥을 활용하는 것이고 그 고객이 새로운 고객을 소개해 주는 일이기 때문에 회사 동업자들의 인간 관계가 성공의 관건이었다. 사정이 이러할진대 개업식에 참석한 분도 그렇고 축하 화환들도 거의가 내 고객들이 보낸 것이었다. 두 사람은 이미 최근 몇 년 사이에 창업을 한두 번씩 경험한 상태였다는 점을 감안하더라도 이 상황은 결코 바람직한 것이 아니었다. 동업자 중 두 사람이 이미 고객 후보군으로부터 받는 믿음이 약하다는 것은 그만큼 회사의 미래가 힘들 것이라는 예고였음을 시간이 지나면서 알게 되었다.

또 우리 사업의 기본 모델은 고객에게 자산관리를 해주고 그것에 대한 수수료를 받거나 아니면 금융상품을 추천해 주고 그 수당을 받는 시스템이었다. 그러나 그 뒤 몇 달간의 영업성과도 개업식 때와 비슷한 상황의 연속이었다. 개업 후 6개월이 지나도록 나 혼자만 목표를 달성하고 나머지 두 명은 거의 참담한 영업성과를 보이고 있었다.

나의 전직 회사에서는 매월도 아닌 매일, 매 시간별로 영업성과를 측정·평가했고 한번 정한 목표는 어떤 경우에도 달성을 해야 했으며 만약 그것을 달성하지 못했다면 다음 달에라도 전 달에 못한 것을 추가로 달성해야 했다. 이러한 목표에 대한 두 공동대표의 접근 방식 차이는 많은 문제를 내포할 수밖에 없었다.

이런 관점의 차이에서 노정된 갈등은 결코 봉합되지 않았다. 결국 나는 몇 개월이 지난 후 당초 회사를 만들 때 하나의 사업영역으로 상정해 두었던 은퇴연구소를 만들어 거기서 평생교육원 자격 과정 운영과 은퇴설계 강의를 전담하는, 연구소 운영과 웰스매니저로서의 역할만 책임지기로 하고 공동대표의 직위는 내놓게 되었다.

회사는 결국 2년 반 만에 다른 회사와 합병되어 사라져 버렸다.

검증되지 못한 사람들과의 동업, 그리고 신뢰를 쌓지 못한 상태에서 무모할 정도로 크게 시작한 사업은 돈과 시간 그리고 인간관계 모든 면에서 큰 손실만 남길 뿐이라는 것을 뼈아프게 경험했던 것이다.

집에 은퇴연구소를 설립하다

나는 모 대학교에서 평생교육원 원장을 맡고 있던 선배 교수의 도움에 힘입어 한 학기에 매주 한 번씩, 3시간짜리 강의로 이루어진 은퇴설계 전문가 자격 과정을 제안했다. 당시 우리나라에서는 은퇴설계가 매우 중요한 토픽이기는 했지만 대부분 재무적인 해결안을 제시하는 자금 중심의 은퇴설계 방식이 주를 이루고 있었는데 은퇴설계를 인생설계 관점에서 재해석하여 진정으로 자신이 원하는 '행복한 인생'을 전제로 한 재무적 해결안을 제시하는 나의 강의는 대단한 호응을 받았다. 당초 20명 정도를 정원으로 생각하고 모집을 시작했는데 조기에 마감되어 30명으로 정원을 늘렸으나 이마저도 마감 전에 정원이 초과될 만큼 인기가 높았다.

나는 동업의 실패에 따른 새로운 돌파구를 평생교육원 강의를 통해 마련했다. 강의 제목도 '자산관리'보다 '은퇴설계 전문가 과정'으로, 연구소의 성격도 단순한 재무설계 중심보다는 총체적인 은퇴문제를 다루는 것으로 선회한 것은 주효했다. 나는 연구소를 집주소로 옮기고 사업자 신고까지 마쳤다. 사업 초기에 필요한 사무실 인테리어나 집기비품을 위한 새로운 비용을 지출할 필요도 없었고 새로운 전화와 팩스 정도만 가지고도 가능한 일이었다. 외부와의 접촉을 위해 홈페이지를 구축한 것이 연구소 설립에 투자된 비용의 전부였다.

그 후 연구소는 평생교육원에서의 전문가 과정 진행과 외부의 기업체를 대상으로 하는 강의와 부부의 은퇴설계를 효과적으로 도와주는 부부 워크숍 과정 등을 개설하면서 서서히 언론에 이름이 알려지게 되었고 40~50대들의 은퇴가 사회적 문제가 되고 있는 우리나라 은퇴시장에서 비재무적 은퇴설계를 기본 콘셉트로 하여 은퇴를 부부의 인생설계 관점에서 접근하는 최초의 연구소로 자리매김하게 된다. 이는 최고나 최대보다는 최초가 훨씬 더 효과적인 사업전략이 될 수 있다는 내 평소 믿음이 잘 반영된 것이었고 최소의 투자로 최고의 성과를 낼 수 있는 진정한 홈 비즈니스 모델을 창출한 것이기도 했다.

대학에서 손짓하다

그렇게 연구소를 열고 얼마 지나지 않아 한 사이버 대학에서 연락이 왔다. 은퇴설계와 관련된 과목을 개설했는데 강의를 맡길 전문가를 찾기 위해 FP협회에 연락을 했더니 나를 추천해 주었다면서 한번 만났으면 좋겠다고 했다. 은퇴설계 분야는 학문적인 근거도 필요하지만 재무설계라고 하는 실무적인 경험도 필요한 영역이라서 이론과 실무를 겸비한 전문가가 거의 없는 실정이었다. 내게는 이미 CFP 자격증으로 대학에 개설된 은퇴설계 수업보다 상위 자격자들을 대상으로 강의를 진행한 경험이 있었고 고객을 상대로 직접 은퇴설계 강의를 한 경험도 있는데다 곧 박사학위도 따게 되는 상황이어서 학교로서는 내가 적임자라는 것이었다. 비록 온라인 강의였지만 대학 강의를 한다는 것은 정말 가슴이 뛰는 새로운 경험이었다.

그해 나는 6월에 학위논문이 최종 심사를 통과하여 8월에 졸업을 하게 되었다. 강의 요청은 계속 이어졌다. 군대에 간 아들이 다니던 학교에서도 강의 의뢰가 왔다. 수강 인원이 100명씩인 교양과목으로 일주일에 3시간씩 두 개의 강의를 맡아달라는 것이었다. 대학 강의실에서 학생을 직접 가르치는 것은 그때가 처음이었는데 다른 교수들과는 뭔가 차별화된 강의를 하고 싶었다. 게다가 아들과 아들 친구들이 듣는 수업이어서 나는 20년 강의 노하우를 총동원하여 학생들에게 감동을 줄 수 있는 수업이 되도록 열심히 준비하고 강의를 하였다. 그리고 그 학교에 개설된 FP자격과 관련된 전공 수업까지 맡게 되었다. 또한 비슷한 시기에 여러 대학에서 재무설계와 관련된 AFPK라는 과목이 개설되면서 나는 모두 7개 대학에서 수업을 하게 되었다.

그러다 2009년 초 열린 사이버 대학에서 금융자산관리학과 교수를 채용한다는 공고를 보게 되었다. 이미 다른 사이버 대학에서 같은 학과의 강의 경험이 있던 상태였고 채용 조건이 너무 잘 맞아 흔쾌히 응모하여 마침내 나는 52세의 나이에 마침내 바라고 바라던 전임교수가 되었다.

최근의 학문들은 매우 실용적인 분야로 확대되고 있다. 따라서 자기 분야에서 나름대로 전문성과 경쟁력을 갖추고 있다면 언젠가는 분명히 기회가 온다고 나는 믿는다. 다만 그런 기회는 그 상황을 받아들일 수 있는 준비가 된 사람에게만 열린다.

내 강의를 듣는 학생들과 석·박사 과정에 있는 후배들에게 조금이라도 긍정적인 영향을 주는 조언을 할 수 있다는 보람은 그 무엇보다 크다. 따라서 나는 그 누구보다 행복한 은퇴생활을 하고 있는 셈이다. 여러분 또한 각자의 분야에서 개인이 추구할 수 있는 최고의 행복한 은퇴생활을 영위하시길 바란다.

RETIREMENT
ECONOMICS

1장

은퇴란 무엇인가?

은퇴를 바라보는 일반적 시각

01

최근에 손숙, 한대수 씨가 진행하는 라디오 프로그램에 출연했을 때의 일이다. 스튜디오에서 처음 만난 손숙 씨가 나를 보더니 깜짝 놀라면서 한대수 씨에게 말하는 것이었다. 자기는 은퇴설계 전문가가 출연한다고 해서 나이가 많은 줄 알았더니 내가 너무 젊다는 것이었다. 그러면서 방송 도중에 직접 내 나이를 물어 보았다. 58년 개띠로 우리 나이로 53살이라고 했더니 "아니, 아직 나이도 어린 사람이 무슨 은퇴설계 전문가냐"고 반문하면서 은퇴를 했느냐고 물었다. 나는 이미 49살에 회사를 퇴직했고 요즈음은 40대 퇴직도 흔히 있는 현상이고 따라서 나보다 더 젊은 사람들이 은퇴하는 경우도 많다고 했더니 잘 믿지 못하는 눈치였다. 한 시간 동안 진행된 방송 내내 이 느낌은 계속되었다.

우리는 은퇴에 대해 다양한 생각들을 가지고 있다. 예를 하나

들어 보자. 강호동이라는 씨름선수가 있었다. 19살에 혜성처럼 씨름계에 등장하여 당시로는 적수가 없다고 여겨지던 이만기 장사를 누르고 천하장사 타이틀을 거머쥐게 된다. 그 이후 백두장사 7회, 천하장사 5회에 오르면서 최고의 전성기를 누린다. 그러다 23세의 어느 날 은퇴를 선언하고 전혀 다른 분야인 방송계에 데뷔를 한다. 그 이후 줄곧 그는 방송계 최고의 진행자 중의 한 명으로, 가장 많은 출연료를 받는 방송인 중의 한 명으로, 또 가장 많은 CF 출연자로 왕성한 활동을 하고 있다.

그런데 강호동 씨가 23살에 은퇴한 것에 대해서는 사람들이 특별하게 여기지 않는다. 물론 더 오랜 기간을 운동선수로 지낼 수도 있겠지만 운동선수들의 조기 은퇴는 그럴 수 있다고 생각한다. 반면 일반인들은 적어도 60살은 되어야 은퇴를 고려할 수 있다고 생각한다. 왜 누구는 20대에도 은퇴를 하는데 49살에 은퇴한 것을 이르다고 할까? 똑같은 은퇴라는 단어를 사용하면서 각자에게 적용하는 기준이 다를 수 있다는 것은 그만큼 직업별 개인별로 적용되는 은퇴의 기준이 애매하거나 다양하다는 것을 의미한다.

은퇴 전에 종사하는 직업마다 활동 연령은 다양한 편차를 보이는데 일반적으로 운동선수나 연예인의 경우는 그 수명이 짧다고 볼 수 있다. 또 육체노동자보다는 지식근로자들의 활동 연령이 더 긴 것도 일반적이다. 그래서 이런 혼란이 초래된 측면도 있다.

하지만 직업의 다양성에 관계없이 은퇴와 관련해서 모든 이들이 공통적으로 고민하는 것은 은퇴 후의 생활을 어떻게 준비해야 하느냐 하는 것이다. 한창 주가가 높은 전성기에는 그런 생활이 오래 지속될 것이라고 속단하고 미래에 대한 대비 없이 현재의 생활에 만족하고 시간을 보내거나, 설혹 대비를 한다고 해도 정확한 관점 없이 주먹구구로 준비하다가 큰 낭패를 보는 경우도 흔하다. 화려한 전성기 때의 생활과는 달리 비참한 노후를 보내는 연예인들의 사례나 국민 대부분이 알 만큼 유명한 운동선수 출신이었지만 사회적 지탄을 받는 범죄로 명성에 먹칠을 한 채 쓸쓸히 여생을 이어가는 운동선수들의 사례에서 이러한 사실이 뚜렷이 입증된다.

운동선수나 연예인, 그리고 일반인들 할 것 없이 그 누구에게라도 은퇴 후에 새로운 삶을 성공적으로 살아 갈 수 있다는 보장이 결코 절로 주어지는 것은 아니다. 다만 퇴직과 은퇴, 노후 생활 등에 대한 다양한 생각들을 각자의 처지에 맞게 정리하고 효과적이고 실질적으로 은퇴설계를 미리미리 해 두는 사람에게만 그런 삶의 기회가 비로소 열리는 것이다. 따라서 은퇴에 대한 뚜렷한 주관적인 생각을 갖는 것은 지위, 직업, 신분에 상관없이 누구에게나 똑같이 중요한 것이다.

은퇴의 개념 바로 알기

02

　　은퇴라는 말은 '은둔자의 길로 들어서다'라는 프랑스어 'retirer'에서 유래되어 'retirement'라는 말로 변하였다고 한다. 그런데 우리가 흔히 쓰는 은퇴는 매우 다양한 의미로 사용되는 실정이어서 때에 따라 그 의미가 다르게 전달되는 경우가 많다.

　우선 은퇴의 사전적 의미를 정리해 보면 '주된 소득원에서 물러나서 수입활동은 중단하고 소비활동만을 진행하고 있는 상태, 혹은 직임에서 물러나거나 사회활동에서 손을 떼고 한가히 지내는 것'으로 국어사전에서는 정의하고 있다. 또 경제용어사전에서는 '직임에서 물러나거나 사회활동에서 손을 떼고 한가히 지냄. 생산활동은 중지했지만 지속적으로 소비는 하고 있는 삶의 형태로 단순히 직장을 그만두는 것을 의미하는 퇴직과는 차이가 있다'라고 설명하고 있다.

또 학문적으로 은퇴에 대해 정의할 때는 다음과 같은 다양한 기준들이 적용된다.

첫째, 응답자의 주관적인 평가에 의존하는 정의이다. 즉 "당신은 현재 은퇴하였습니까?"라는 질문에 긍정적인 대답을 하면 은퇴로 규정하는 것이다. 이 방법은 은퇴 여부에 대한 조사 항목이 포함되어 있는 미시자료를 사용하거나 연구를 위해 설문조사를 실시하는 경우 간편하게 사용할 수 있는 방법이다.

둘째, 경제활동 참가 여부에 따라서도 은퇴를 정의할 수 있다. "당신은 일자리 찾는 것을 완전히 그만두었습니까?"라는 질문에 긍정적인 응답을 할 경우, 경제활동을 완전히 그만둔 것으로 간주하여 은퇴로 규정하는 방법이다.

셋째는 노동시간이나 임금수준에 따른 정의로 노동시간이나 임금수준이 일정 수준 이하로 급격히 축소되는 시점을 은퇴의 시점으로 잡는 것이다. 이때 어느 정도의 노동시간 축소를 은퇴의 기준으로 삼느냐는 연구자에 따라 차이가 있는데 연간 1천 시간 미만 노동하는 경우로 정의하기도 하고 주당 30시간 미만 활동하는 경우를 은퇴로 정의하기도 한다.

은퇴를 정의하는 네 번째 기준은 가장 오랫동안 근무했던 직장을 그만두는 시점 이후를 은퇴로 규정하는 것이다.

마지막 다섯 번째 기준은 연금수급에 따른 은퇴의 정의이다. 즉 경제활동 상태와는 상관없이 공적 연금 또는 기업연금을 최초로 수령하는 시점을 은퇴 시점으로 정의하는 것이다. 이 다섯 번째의 정의가 구미에서 많이 사용되는 것인데 공적 연금의 역사가 길지 않고 가입률 또한 높지 않은 우리나라에서는 이러한 정의를 적용하기가 어렵다.

그런데 '한국노동패널자료'에서는 은퇴를 다음과 같이 정의하고 있다. 즉 "본격적인 소득활동을 그만두고 일을 하고 있지 않거나 소일거리 정도의 일 이외에는 일을 할 의사가 없는 상태"라고 되어 있는데 이는 위의 정의 중 몇 가지를 복합적으로 조합한 개념으로 최근 우리나라의 많은 연구자들이 채택하고 있는 정의이다.

은퇴와 퇴직, 그리고 노후

은퇴와 비슷한 의미로 쓰이는 말 가운데 가장 혼란을 불러일으키는 것이 '퇴직'이라는 말이다. 두 단어는 같은 의미로 사용되기도 하고 달리 사용되기도 하는데 우선 퇴직은 '현직에서 물러나는 것'이라고 사전적으로 정의되어 있다. 현직은 다시 '현재의 직업이나 직무'로 정의되므로 결국 퇴직을 한다는 것은 현재의 직업이나 직무를 그만두는 것이다. 그런데 퇴직이라는 말은 묵시적으로 급여소득자를 대상으로 한정되어 사용되고 있다. 그래서 우리는 자영업자들을 두고 퇴직했다는 말은 쓰지 않는 것이다. 마찬가지로 연예인에게도 퇴직했다고 말하는 경우는 없다. 또한 전문직 종사자들도 어디에 소속되어 근무를 한 경우는 퇴직했다고 하지만 독립적인 비즈니스를 영위한 경우에는 퇴직이라고 하지 않는다.

세무적으로도 퇴직소득이란 갑종이나 을종 근로소득자들에게 지급된 퇴직금을 지칭하는 것이며 이에 대해 세금을 부과하게 되어 있다. 그래서 전문직이나 연예인들은 퇴직이 아니라 은퇴를 하는 것이며, 반면 근로소득자들은 퇴직도 하고 은퇴도 한다.

한데 근로소득자들에게 있어서는 퇴직과 은퇴를 구분하는 것이 필요하다. 앞에서 정의한 은퇴의 기준에서도 언급이 되기는 했지만 그것을 퇴직과 나누어서 다시 정리를 할 필요가 있다. 평생직장이 어느 정도 보장되고 평균수명이 짧았던 과거에는 대부분의 근로소득자들은 하나의 직업과 직장에서 일하는 것으로 일생을 마쳤다. 그래서 퇴직은 곧 은퇴와 같은 개념으로 사용되었지만 오늘의 근로환경에서는 평생직장이 아닌 평생직업을 생존을 위한 덕목으로 치는 추세이다. 자신의 몸값을 높이기 위해 여러 직장을 전전하는 경우가 오히려 더 인정받게 되면서 한 사람의 근로자가 여러 번의 퇴직을 경험하게 되자 은퇴와 퇴직의 구분이 애매해졌다. 또 산업환경의 빠른 변화로 기업의 평균수명이 짧아지고 고용시장의 변화 때문에 어쩔 수 없이 여러 직장을 거칠 수밖에 없는 현재의 상황에서 과거처럼 퇴직과 동시에 은퇴를 맞는 경우는 드물게 되었다. 과거의 은퇴와 퇴직 개념에 대해 다시 정리할 필요가 생겨난 것이다.

그러나 은퇴와 퇴직을 근로소득 여부만으로 분류하기에는 한계가 있다. 근로소득활동은 계속하지만 업종을 바꾸어서 새로운 분야의 일을 시작할 경우에는 판단이 애매해 질 수 있기 때문에 이런 경우는 그 전 업종에서는 은퇴를 했다고 보는 것이 타당할 것이다.

따라서 퇴직은 급여소득자가 직장을 그만두는 것이고, 은퇴는 해당 직종(직업)을 그만두거나 소득활동을 중단하는 것으로 정의하면 그 개념이 좀 더 분명해질 것이다.

직장에서 받는 급여가 주된 소득원인 경우에는 직장을 그만두는 것을 퇴직이라 하고 이러한 직장생활을 더 이상 지속하지 않고 아예 그만두거나 거기에서 나오는 소득이 아주 적을 때는 은퇴했다고 하는 것이다.

그런데 위에서 예를 든 강호동 씨의 경우, 이런 기준으로 보면 씨름선수 초기 시절에는 소속 팀으로부터 급여를 받을 수도 있었겠지만 상금이 전체 수입에서 차지하는 비중이 절대적으로 커진 프로 선수 시절에는 급여소득자보다는 전문직으로 보는 것이 타당할 것이므로 은퇴라고 하는 것이 맞을 것이다. 또 미래의 어느 날 그가 연예인으로서의 활동을 중단한다면 그때는 또 연예인으로서 은퇴를 하게 되는 것이다. 따라서 한 사람이 퇴직도 여러 번 할 수 있지만 은퇴도 여러 번 할 수 있다.

이런 논란은 연예인이나 스포츠 선수들이 활동을 그만두는 것에 대해 은퇴라는 용어를 사용하면서부터 시작되었다고 볼 수 있다. 여기에서 사용된 은퇴라는 말은 주업을 그만두었다는 것을 의미하며 그 사람이 자신의 정체성을 결정짓는 중요한 일로부터 물러났다는 의미로 해석을 하면 될 것이다. 운동선수나 연예인들은 그 자리에서 물러나면 종전과 같은 관심의 대상이 되지 못하고 일반인으로 돌아가거나 아예 잊혀 버리기 때문에 상대적으로 은퇴라는 말을 사용한다. 또 이들은 대부분 은퇴하는 시점에서 평생 쓸 수 있는 소득을 다 확보했고 은퇴 후에는 활동을 하지 않고도 여유있는 생활을 영위할 수 있다는 전제도 깔려 있다고 볼 수 있다.

그러나 일반인들의 경우에는 자신의 인생에서 정체성을 결정하는데 가장 큰 부분을 차지하는 것이 직장(직업)이다 보니 그 일을 그만두는 것을 연예인이나 운동선수가 그만두는 것과 동일시해서 은퇴라는 말을 쓴다. 하지만 이들은 한 직장을 그만두더라도 새로운 일을 할 가능성이 높고 지금처럼 조기퇴직이나 명예퇴직 등으로 쉰 살도 되기 전에 직장을 그만두는 사례도 흔하기 때문에 이것을 두고 은퇴라고 하기에는 문제가 있다. 따라서 퇴직이라는 말은 직장을 그만두었다는 의미로 한정해서 사용하고 은퇴라는 말은 위에서 살펴본 것처럼 아예 일을 하지 않거나 직종 자체가 바뀐 경우에, 또 종전에 비해 활동량이 확연히 줄어든 상태인 경우 등에 사용함으로써 직업에서의 은퇴와 인생에서의 은퇴를 구분할 필요가 있다고 생각한다.

연예인이나 운동선수들이 그 분야의 활동을 그만두는 것을 은퇴했다고 하는 것처럼 일반인들도 주력하던 일에서 그만두는 것을 직업에서의 은퇴로 하고 대신 인생 전체에 대한 은퇴 여부는 어느 분야의 일이건 간에 아예 하지 않거나 미미한 활동만을 유지하고 있는 상태로 정의하는 것이 옳다고 보여 진다.

그러면 자영업자들의 경우는 어떤가? 사업을 접는 것이 은퇴이다. 그런데 자영업자들의 경우에도 여러 번 사업을 다시 할 수 있고 경우에 따라서는 연예계나 스포츠 분야로 진출하는 예도 있으므로 이런 경우에는 앞에서 정한 기준을 따르면 될 것이다.

다음으로 '노후'라는 용어는 이러한 직업적인 특수함을 해소할 수 있는 새로운 접근법이 될 수 있다. 은퇴냐 퇴직이냐에 상관없이 인생의 후반부라는 의미로 노후라는 용어를 사용할 수 있는 것이다.

그런데 퇴직이나 은퇴, 노후라는 말은 그 과정을 준비하는 설계라는 관점에서 보면 퇴직설계나 은퇴설계, 노후설계가 거의 같은 개념으로 사용되고 있다. 하지만 노후라는 말은 그 시점이 특정 연령 이후라는 의미로 사용되는 경우가 일반적이므로 은퇴나 퇴직처럼 특정 사건을 중심으로 하는 것과는 확연히 구별된다. 즉 노후는 특정한 사건보다는 어떤 시점을 중심으로 생각하는 개념이라고 볼 수 있는 것이다.

그런데 이때 문제가 되는 것은 노후의 시점을 몇 살로 볼 것인가 하는 것이다. 20~30년 전만 해도 우리는 60세를 노인의 기준으로 여겼다. 환갑은 노인의 기준이었고 그래서 60세가 넘으면 노인으로 생각했다. 그런데 수명이 연장되면서 유엔에서도 65세 이상자를 노인이라고 규정하고 있다. 그렇다면 우리가 노후설계를 한다고 하는 것은 65세 이후를 준비하는 것일까?

이 책에서는 인생을 100세까지 산다고 보고 50세까지를 인생의 전반부로, 그 이후를 후반부로 상정하여 그 후반 50년에 대비하는 것을 노후준비로 보는 것이 좀 더 효과적이라는 입장을 취하고 있다. 은퇴설계나 노후설계 모두 어떤 특정 시점에 대한 대비라기보다는 인생설계 관점에서 접근하는 것이 더 효과적이라 생각하기 때문이다.

은퇴와 연금

은퇴라는 말은 퇴직을 하고 연금을 받는 생활로 접어든다는 의미로 사용되기도 한다. 이것이 아마도 은퇴와 퇴직을 혼동하게 만든 중요한 요인 중의 하나일 것으로 생각되는데 서구의 많은 국가들에는 정년퇴직이라는 것이 없고 사회보장제도에 의한 연금이 지급되는 시점에 퇴직을 하는 것이 일반적이다. 그러니까 회사를 그만두는 퇴직이 연금을 지급받는 은퇴생활과 같아지는 것이다. 그런데 이런 생각을 하게 만든 사건이 1889년 독일에서 처음 발생한다. 65세 근로자들에게 연금을 주는 세계 최초의 연금법이 독일에서 만들어져서 1891년부터 시행이 된 것이다. 그 후로 많은 사람들은 사회보장법에 근거해 지급되는 연금을 수령하는 시점이 되면 은퇴를 하는 것으로 생각하게 되었다. 1935년 최초의 연금제도를 만든 미국의 경우도 크게 다르지 않다.

그런데 시간이 많이 흐른 지금, 유럽 대부분의 국가들은 은퇴연금에 대한 증가된 부담 때문에 골머리를 앓고 있다. 평균수명은 그동안 엄청나게 늘어난 반면, 연금의 지급 개시 시기는 100년 전과 다름없는 제도적 모순 때문에 많은 문제들이 발생하고 있는 것이다. 즉 제도 시행 초기에 설계했던 낸 돈과 받아가는 돈의 비율이 현재의 조건과는 현저히 맞지 않게 되어 오히려 이들 국가에서는 근로자들이 몇 년 더 일을 하다가 늦게 은퇴하기를 원하고 있는 실정이다. 이렇게 되면 추가로 일을 하는 동안 연금 보험료는 더 걷게 되고 연금 지급 시기는 그만큼 늦출 수 있기 때문에 재원을 안정적으로 확보할 수 있다는 것이다. 하지만 근로자들이 현재의 기준을 늦추는 것에 대해 동의하지 않고 연금 지급 개시 기가 되면 당연히 일을 그만두기 때문에 재원의 확보에 큰 어려움을 겪고 있으며 이것이 세대 간 갈등을 일으키는 사회문제가 되기도 한다.

우리나라는 서구보다 거의 100년 정도 늦게 연금제도를 시행하면서도 서구와 같은 기준으로 은퇴 문제에 접근한 결과, 더 큰 혼란을 겪고 있는 실정이다. 우선 우리는 기업체의 퇴직 연령과 사회보장제도에 의한 연금의 지급 시기가 일치하지 않는다. 대부분의 사기업들은 1970년대를 전후해서 만든 55세 정년을 고수하고 있고 1988년부터 시작된 국민연금제도는 60세가 되어야 (2013년부터는 5년마다 1년씩이 늦추어져서 2033년에는 65세부터) 연금을 지급

하는 것으로 되어 있기 때문에 은퇴연금을 지급받는 시기와 퇴직 시기의 격차가 너무 벌어져 연금 지급 개시기를 은퇴의 시점으로 삼는 것은 문제가 있다. 따라서 은퇴의 기준마저도 애매해지는 것이다. 연금이 지급됨과 동시에 자발적으로 일자리를 그만둠으로써 기금의 고갈을 걱정하는 서구와 달리 연금 지급 개시 때까지 만이라도 일자리를 달라고 하는 우리나라의 상황이 크게 다른 것도 이 때문이다.

물론 65세까지를 정년으로 하는 일부 교직원이나 공무원들이 있긴 하지만 공무원들도 직급에 따라 정년 나이가 다르고 국민 대부분이 가입하고 있는 국민연금의 경우는 연금 지급 시기와 강제 퇴직 시기가 가장 크게 차이가 나고 있음은 주지의 사실이다.

RETIREMENT ECONOMICS

2장

'누가, 어떻게'
은퇴할 것인가?

은퇴를 실질적으로
고려하고 준비해야 할 세대

01

산업화와 고령화의 진전으로 인해 어떻게 은퇴생활을 적절하게 할 수 있는가는 유럽과 미국, 일본 그리고 우리나라에서도 매우 중요한 사회적 문제가 되었다. 그래서 은퇴준비를 언제부터 해야 하는가는 많은 이들의 관심사이다.

말할 필요도 없이 은퇴준비는 은퇴가 임박해서 갑자기 하는 것보다는 가급적 오랜 시간을 두고 미리 준비하는 것이 훨씬 효과적이다. 그러나 은퇴를 하는 시기가 모든 사람들에게 일률적으로 정해져 있는 것이 아니라 개인마다 천차만별이다.

어떤 이들은 20대에 은퇴를 하기도 하고 어떤 이들은 80, 90살까지도 현직에서 활동하며 영원히 은퇴를 하지 않겠다고 하는 경우도 있다. 하지만 대체적으로 은퇴준비는 정년퇴직처럼 은퇴시점이 정해져 있는 경우에 최소한 은퇴 5년 전부터는 준비를 시작하는 것이 좋고 자영업자나 전문직 종사자의 경우에도 본인이 희망하거나 예상하는 은퇴시기로부터 계산해서 비슷한 준비 기간을 갖는 것이 좋다.

일반적으로 우리나라에서는 전통적으로 50세에서 60세 사이에서 대부분의 사람들이 직장 퇴직과 함께 은퇴를 경험하거나 은퇴가 예정되어 있다. 따라서 50대나 60대에 대체로 은퇴생활이 시작된다면 은퇴를 준비해야 하는 대상자의 연령대는 40대와 50대가 될 것이다. 자영업자나 전문직의 경우는 또 다른 기준이 필요할 수 있다.

예비 은퇴자

우리 사회보다 먼저 고령화로 인한 은퇴문제를 경험한 미국과 일본의 경우에는 예비 은퇴자들의 주된 층을 전후세대인 베이비부머들로 상정하고 그 문제의 해결안을 찾고 있다. 우리나라에서도 현재 40~50대에 해당되는 예비 은퇴세대는 전후세대라 일컬어지는 베이비부머들과 386세대가 주 대상이 될 것이다.

우리나라에서는 1955년생부터 1963년생까지를 일반적으로 베이비부머라고 하는데 혹자에 따라서는 연간 신생아의 숫자가 일정 숫자 이상 태어난 연도인 1958년생부터 1974년생까지를 베이비부머라고 주장하기도 한다.

또 한 부류인 386세대는 '30대, 80년대 학번, 60년대 출생인 세대'라는 정의에 해당되는 사람들로서 이 명칭에는 30대라는 가변적인 요소가 포함되어 있으므로 시간이 지남에 따라 이 세대는 1990년에 첫 등장하여 2000년에 사라지게 되는, 학술적 개념과는 다소 거리가 있는 세대이다.

그러나 통상적으로 30대라는 나이 구분을 무시하고, 시기적으로 제5공화국 때 민주화 투쟁을 했던 대학생 또래들의 세대를 가리키는 말로 더 널리 쓰인다.

따라서 세월이 흐른 지금은 이 세대를 486세대로 일컫기도 한다. 어쨌든 우리나라에서 예비 은퇴자에 해당되는 사람들은 이들 베이비부머이거나 386세대로 불리는 40~50대가 주 연령층이 된다.

전문직이나 자영업자의 경우에는 연령대로 구분하기보다는 은퇴를 희망하거나 어쩔 수 없이 은퇴생활을 해야 하는 모든 이들이 예비 은퇴자에 속하게 된다. 이들은 일반적으로 근로소득자에 비해 자기중심적인 계획수립 방식과 높은 소득수준 때문에 오히려 더 치밀한 은퇴준비가 필요한 사람들이라 할 수 있다.

또 직업적인 특성 때문에 심지어 20대 때의 은퇴도 빈번한 연예인이나 스포츠 선수들은 모두가 잠정적인 예비 은퇴자라 할 수 있다. 이들이 전성기 이후의 인생에 대해 준비를 하지 못해 사회적 부적응자로서의 삶을 살면서 초라한 말년을 보내는 경우를 생각한다면 은퇴준비란 모두에게 절실하게 필요한 문제일 것이다.

그러나 이 책에서는 자영업자나 연예인, 운동선수들은 특수한 경우라 보고 40~50대의 일반인들을 예비 은퇴자로 상정하여 이들을 중심으로 논의를 전개하기로 한다.

예비 은퇴자의 사회·경제적 특성

과거에는 50대가 되면 보통 일선에서 물러나 집을 지키는 사람이 되는 시기였다. 그러나 오늘날 은퇴를 앞둔 예비 은퇴자들은 전 세대와는 다른 양상을 보인다.

예비 은퇴자 그룹의 선두 세대들은 가난과 배고픔이라는 것을 직접 경험했고 선택보다는 불가항력적인 상황에 더 많이 익숙해져 있으며 백 마디 말보다 한 대 때리는 것이 더 효과적이라는 '백문이 불여일타' 식의 군사문화가 주도하는 개발독재 시대를 살아온 사람들이다. 또한 가치관의 형성에 가장 중요한 시기였던 학창시절의 거의 대부분을 한 지도자의 이념을 따라 '공산당은 싫어요'와 '잘 살아보세'라는 두 가지의 가치를 강요받은 세대들이기도 하다.

따라서 자신의 의견을 내세우기보다는 복종에 익숙하고 맨손으로 송판을 뚫고 마른 수건을 쥐어짜서 컵에 물을 채울 수 있으며 어려운 상황일수록 막고 품는 방식으로 해결한다는 희생과 불굴의 의지를 최상의 선으로 알고 살아온 세대들이다.

다니던 직장에서는 후배들에게 자리를 내주기 위한 용퇴를 강요받고 아직 학업을 마치지 못해 자립하지 못한 미성년 자녀들이 있으며 자신들의 성공만을 기원하며 모든 것을 희생했던 부모들도 생존해 있는, 어려운 환경에 노출된 사람들이다. 유학은 꿈도 꾸지 못했고 중학교부터 대학교까지 10년을 넘게 영어공부를 하였지만 여전히 가장 취약한 부분이 외국어 능력이며 컴퓨터도 직장생활 짬짬이 후배들의 눈총을 받아가며 겨우 배워서 고작 독수리타법으로 인터넷을 하는 세대이기도 하다.

우리나라의 예비 은퇴자들 대부분은 자신의 어린 자녀들과 가족을 부양해야 하는 책임감과 노령의 부모를 모셔야 하는 의무를 동시에 지는, 다중역할을 요구받고 있다. 또한 그들에게 집중되었던 사회적 이목은 새로운 젊은 층으로 옮겨갔지만 또 다시 은퇴라는 새로운 문제의 중심에 선 세대로 인구통계학적 관심의 대상으로 떠오르고 있다.

그래서 미국에서는 이들이 '6G 세대'라고 일컬어지는 새로운 모습의 노인층을 형성할 것이라고 하는데 6G란 다음과 같다.

> **Grey** 머리가 희끗희끗하다
> **Grace** 세련되다
> **Gentle** 점잖다
> **Great** 위대하다(지난 업적이)
> **Green** 항상 젊다
> **Golden age** 인생의 황금기이다.

미국은 이들이 새로운 은퇴문화를 선도할 것이라고 전망한다.

소비활동의 측면에서는, 기본적으로 자유로움을 지향하고 청바지와 통기타, 장발 등 진부함에 대항해 온 체험이 있는 이 세대들이 새로운 장년 및 노년층을 형성하게 되면서 앞 세대들이 소비생활과 관련된 많은 분야에서 구축해 놓은 기존의 장년 및 노년층 구매 성향, 선호하는 브랜드 등에서 많은 변화를 불러올 것으로 전망된다.

현재의 예비 은퇴자 세대들은 비록 자신의 나이는 50대지만 과거 30대와 같은 젊음을 유지하며 여기에 걸맞은 질 높은 삶을 요구하고 있다. 이들은 자신들의 삶의 모토였던 '끊임없이 일하며 결국에는 이루어 내고야 만다'라는 성실한 삶의 모델을 여전히 숭상하며 아직까지 현직에서 물러날 생각이 없다.

아울러 현재까지 살아오면서 체득한 이러한 생활습관을 바탕으로 일선에서 한발 물러서서 축소지향적인 소비활동을 하는 것이 당연하다고 여겼던 앞 세대의 전통을 허물고 자신들의 40대 때보다 더욱 적극적 태도로 새로운 소비습관을 주도하고 있다.

이러한 예비 은퇴자들은 향후 다음과 같은 두 가지 유형으로 분화될 것이라고 예상되고 있다.

첫째는 성공한 리더로서 새로운 은퇴문화를 선도하는 그룹으로 변해갈 것이다. 아직까지 아무도 경험하지 못했던 급속한 노령화 사회의 중심에 서서 과거에 그랬던 것처럼 불굴의 의지로 도전하고 새로운 후반부 삶을 개척하여 뒤따라오는 후배 세대들에게 길을 알려주는 역할을 할 것이다.

둘째로는 최빈곤층으로 전락하여 많은 사회문제를 유발하는 부류가 될 가능성이 높다. 성장과정에서 부모로부터 전적인 지원을 받았듯이 자식들에게 부모로부터 받은 것 이상의 모든 것을 투자함으로써 여력이 사라져버려서 부모들의 노후를 보살필 수 없는 것은 물론 자신들의 노후까지 위험한 상황에 빠지게 되는 것이다.

이러한 극명한 차이는 어디에서 비롯되는가. 은퇴준비가 필요하다는 것은 막연히 알고 있지만 우물쭈물, 혹은 은퇴준비에 대한 무관심으로 '어떻게 되겠지' 하는 근거 없는 자신감으로 아무 대책 없이 은퇴를 맞이하기 때문에 그렇다. 은퇴 이후에 무엇을 할 것인지 어떤 생활을 할 것인지 그리고 그것을 어떻게 준비해야 할 것인지에 대해 구체적인 계획이 전혀 없는 상태로 은퇴생활에 돌입하기 때문에 그렇다.

이들을 둘러싼 사정은 그렇게 녹록하지 않다. 이들을 부양해 줄 수 있는 사회안전망은 출산율 저하에 따른 경제활동 인구의 감소로 인해 취약하기 짝이 없다. 그래서 정작 이들이 누군가의 도움을 절실하게 필요로 하게 된 시점에 전혀 도움을 받을 수 없는 상태에 빠져버릴 수도 있다는 것이다.

예비 은퇴자 중 비교적 후반 그룹인 386세대들의 상황도 크게 다르지 않다. 이들은 1980년대 민주화 운동이라는 특유의 역사적 경험으로 인해 진보적인 정치·사회의식과 태도를 형성하고 있으며, 이전 세대보다 훨씬 더 탈권위적, 탈지역적 모습을 보이고 있다. 그리고 분배문제나 국가보안법과 같은 문제에 대해서도 진보적인 태도를 갖고 정치적, 사회적 문제에 대해 활발히 참여를 하는 특징을 가지고 있다. 하지만 이들 역시 30대 후반부터 40대에 이르기까지의 기간 동안 잠깐의 주역은 될 수 있었지만 그 이후의 과정에 대해서는 특별한 대책 없이 막연한 자신감과 일말의 두려움 속에서 은퇴를 방관하고 있는 실정이다.

왜 이들은 은퇴준비를 미리 해야 하는가?

이들이 왜 은퇴준비를 미리 해야 하는지 그 이유는 40~50대라는 나이가 인생에서 차지하는 중요성에 대해 생각해 보면 분명해진다. 과거 평균수명이 60세 미만일 때는 40대가 인생의 가장 황금기였다. 가장이 되고 사회적으로나 경제적으로도 어느 정도 안정되어 자신이 가진 것들을 잘 활용, 관리해서 50대에서는 다음 세대에 자신이 이룬 것을 넘겨주는 시기였다.

그러나 평균수명이 80세를 넘어서는 현시점에서 과거와 같은 40대를 보냈다가는 그 이후의 인생 과정이 험난할 수밖에 없다. 이는 과거 평균수명이 60세 미만인 시절에 금과옥조로 여겼던 다음의 논어 말씀을 상기해 보면 분명해진다.

논어 위정 편에 "자왈(子曰) 오십유오이지우학(吾十有五而志于學)하고 삼십이립(三十而立)하고 사십이불혹(四十而不惑)하고 오십이지

천명(五十而知天命)하고 육십이이순(六十而耳順)하고 칠십이종심소욕(七十而從心所欲)하되 불유구(不踰矩)라" 하였다.

즉, 공자가 말하기를 "나는 15세에 학문에 뜻을 두었고, 30에 뜻을 확고히 세웠고, 40에 유혹에 빠지지 않았고, 50에 하늘의 뜻을 알았고, 60에 귀가 순해졌고, 70에 마음이 하고 싶은 바를 따르더라도 법도에 어긋나지 않았다"는 말씀이다.

이는 결국 삶의 방식을 10대에 깨우쳐 평생을 살았다는 것인데 평균수명이 80세가 넘는 현재에는 10대 때 배운 지식으로는 7, 80세를 사는 방식을 알기란 불가능하다. 10대 때 배운 지식이 40대까지 사회생활을 하는데 초석이 되었다면 50 이후의 인생을 사는 방식에 대한 새로운 지식은 40대에 마련해야 한다는 말이다.

과거의 40대처럼 사회적으로나 경제적으로 그때까지 준비된 것만 가지고 남은 인생을 살기에는 시대가 너무나 달라졌다. 자녀 교육비와 주택가격의 인상으로 사실 50대 이후의 인생을 준비할 여력이 거의 없는 상태로 40대를 보내는 경우가 대부분이다.

또한 사회생활에서도 어떤 목표에 도달했다기보다는 끊임없이 경쟁을 해야 하고 언제 조직에서 내몰릴지 모르는 긴박감 속에서 하루하루를 보내느라 은퇴 이후를 준비하기는커녕 현실 적응에 더 많은 주의를 기울일 수밖에 없는 연령대이기도 한 것이다.

그러나 40대에 50 이후의 인생을 준비하지 않는다면 50대에는 현실적으로 은퇴준비를 방해하는 요소가 훨씬 많아져서 부실하게 준비할 수밖에 없거나 이러한 준비조차도 못하고 은퇴를 맞이하게 될 것이다. 따라서 예비 은퇴자라 할 수 있는 40~50대는 현실적인 문제 해결도 중요하지만 적어도 향후 30년 이상을 지속해야 하는 은퇴생활에 대해 충분히 고민하고 준비해야 하는 세대인 것이다.

은퇴설계에 앞서 고려해야 할 7가지

02

　모든 40~50대에게 적용하는 것은 일부 무리가 있어 보이지만 대부분의 40~50대들이 은퇴를 앞두고 직면하게 되는 7가지의 핵심적인 문제들이 있다.

　은퇴는 인생 전반부에서 경험했던 결혼과 아이의 출생, 승진 등 행복으로 충만한 사건이 아니고 오히려 두려움이 동반된 사건이라 할 수 있다. 이런 점들에 대해 충분히 대비하지 않으면 준비의 부족으로 인해 좋은 은퇴생활을 영위할 수 없을 뿐만 아니라 오히려 최악의 상황에 빠질 수도 있다. 은퇴준비에 도움을 주는 라이프플래너나 재무설계사들이 이런 부분에 대해 조언을 하기는 하겠지만 대부분의 40~50대들은 이런 문제의 심각성을 인지하지 못하거나 외면 혹은 부정함으로써 어려운 상황을 자초하기도 한다. 여기서 그런 문제들에 대해 짚고 넘어가자.

연로한 부모의 생존

40~50대들은 아직 생존해 있는 그들의 연로한 부모들과 어떤 식으로든 연결되어 있다. 같이 모시고 살기도 하고 가까이 살면서 자주 얼굴을 대하거나 더러는 가끔 만날 수밖에 없는 상황에 처해 있기도 하다.

40~50대의 부모들은 거의 대부분 자신들의 부모를 모시고 살았고 또 자신들도 그런 모습으로 살기를 기대하며 모든 것을 자식을 위해 희생한 경우가 대부분이다. 결국 자신들의 노후 준비는 생각도 못한 세대이며 특히 이렇게 장수하리라고는 상상도 못했던 세대이다. 그래서 40~50대들은 그들의 부모가 더 이상 건강하지 않고 혼자 생활 할 수 없는 상태가 되었을 때 무엇을 어떻게 할 것인지에 대해 고민을 해야 한다. 건강상의 문제가 발생했을 때의 수발 문제와 경제적인 문제들이 중요한 이슈가 될 것이다.

이런 문제들에 대해 전혀 사전 준비를 하지 않은 상태로 지내다가 갑작스럽게 맞닥뜨리고 난 후에야 이를 수습하려는 것보다 더 나쁜 상황은 없을 것이다. 따라서 40~50대들은 그들 부모와 함께 다음의 사항들에 대해 미리 상의하고 준비하여야 한다.

건강상태: 40~50대는 그들 부모의 나이를 고려해 부모의 건강 상태에 대해 충분히 알고 있어야 한다.

긴급 상황에 대한 대비: 부모에게 건강상으로 위급한 상황이 발생했을 때 긴급 출동이 가능한 연락처를 알고 있어야 한다. 의학적으로 허약하고 불안정한 사람들이 쓰러지거나 긴급한 상황이 발생했을 때 24시간 긴급 출동으로 도와줄 수 있는 의료기관을 알고 있어야 한다.

법정대리인의 지정: 불의의 사고로 부모들이 재산권을 행사 할 수 없을 때를 대비하여 법정대리인을 정해 놓아야 한다. 부모의 의사를 좇아 이러한 일을 대행해 주기를 원하는 전문가로 미리 선정해 두어야 한다. 또 이 대리인들은 어떻게 부모의 바람대로 실행할 것인지를 알고 있어야 한다.

장기 간병 문제: 모든 가족 구성원은 어느 날 갑자기 부모들이 자신의 기능을 다 할 수 없는 상황에 빠질 수 있다는 것을 인식하고 있어야 한다. 이런 상황이 벌어졌을 때 부모들이 희망하는 수발 방식은 어떤 것인지, 그리고 이를 위한 경비는 어떻게 조달할 것이지 미리 준비해 두어야 한다.

상속 문제: 부모에게 재산이 있다면 이의 효율적인 분배에 대해 미리 준비하여야 한다.

부모의 사망

40~50대들은 부모가 사망했을 때 감정적인 요소와 재무적인 문제에 동시에 봉착하게 된다. 이 중 시간이 흘러야 해결되는 감정적인 요소는 차치하더라도 다음과 같은 재무적인 여러 문제를

처리하여야 한다.

- **상속 대비 전략**: 아직까지 가까운 가족의 사망을 경험하지 못한 40~50대들은 상속이라고 하는 복잡한 절차를 잘 이해하지 못한다. 따라서 이러한 상황이 발생했을 때 처리해야 할 것들과 책임에 관해 충분한 준비가 필요하다는 것을 알아야 한다.
- **상속 재산 관리 계획**: 갑자기 큰 재산을 상속받게 되는 40~50대를 노리고 있는 곳들이 있다. 또 아무 대책 없이 상속이 이루어지면 가족 간에 분배를 둘러싼 문제가 발생할 수도 있고 주어진 자산의 처분도 잘못 될 가능성이 크다. 상속에는 많은 세금이 붙고 이러한 세금을 감당하기 위해서는 상속 재산을 처분해야 하는 경우도 있다. 따라서 부모가 사망할 때까지를 기다렸다가 그때 가서야 재산의 분배나 사용처에 대해 고민하는 것은 좋은 방법이 아니다. 설혹 부모의 사망 이후에 상속이 일어나더라도 사전에 자산운용 계획 속에 예상되는 상속 재산을 편입시켜 가상의 시나리오를 준비해 둘 필요가 있으며 다만 유산의 양이나 타이밍은 정확히 예측할 수 없다는 마음을 갖는 것이 필요하다.

자신들의 건강 문제

아직 치명적이고 큰 질병은 나타나지 않았다 치더라도 40~50대들도 나이를 먹어갈수록 오랜 일을 통해 얻게 된 직업적이거나 고질적인 질병을 갖고 있을 가능성도 차츰 높아진다. 따라서 꾸준한 건강관리로 갑작스런 낭패를 당하지 않도록 대비해야 한다.

자신이 누구보다 건강하게 살아 왔다고 믿고 있는 대부분의 40~50대들이 노후를 위한 추가적인 보험 가입을 신청했을 때 단순한 질병으로 인해 병원비를 청구한 사실이 있다는 이유로 보험사로부터 승낙이 거절된다면 큰 충격을 받을 것이다. 보험 가입은 자신이 희망하기만 하면 언제든지 가능할 거라고 흔히들 생각하지만 50대가 넘어가면 생명보험 가입은 그렇게 쉬운 문제가 아니다. 특히 건강과 관련된 질병보험들은 가입자의 건강상태를 꼼꼼히 따지게 되므로 건강에 큰 문제가 없는 30~40대와는 달리 50대가 넘어가면 다양한 형태의 건강상의 문제들 때문에 가입 자체가 불가능해지는 경우도 많다.

특히 인생에서 가장 많은 의료비를 지출하게 되는 임종 1~2년 전을 보장받기 위한 장기 간병보험 같은 경우에는 그 가입절차가 더욱 까다롭기 때문에 평소 꾸준한 건강관리를 하지 않는다면 이런 보장 장치의 결여로 평생 모은 재산의 대부분을 병원비로 지출할 수도 있다는 사실을 명심해야 한다.

40~50대도 은퇴연령에 도달한다

그들이 은퇴준비를 하든 하지 않든 40~50대의 주류들은 이미 은퇴연령에 도달하고 있다. 이것은 노후에 대한 정부의 제도적인 보호를 받을 수 있는 나이에는 아직 미치지 못했음을 의미하는 것이다.

은퇴자들은 사회보장제도에 의해서 국민연금과 공적 연금의 수혜를 받을 수 있다. 하지만 우리나라는 60세가 되어야 국민연금을 받을 수 있고, 국민건강보험은 전체 국민을 대상으로 하기 때문에 굳이 은퇴자를 분류할 필요는 없겠으나, 기타 노인에 대한 무임승차 허용, 세제혜택 등은 65세나 70세를 기준으로 하고 있다. 즉 우리나라의 40~50대는 직장으로부터의 은퇴는 시작되었지만 사회보장제도에 의해 보호받는 은퇴자로는 인정을 받고 있지는 못하다는 것이다.

40~50대들은 다양한 소득원을 준비할 필요가 있다

절대 은퇴를 하지 않겠다고 하는 40~50대들조차도 그들의 소득원을 다양화해 둘 필요가 있다.

- **자기소득**: 40~50대들은 자신이 가장 잘 했던 분야의 경험을 살려 컨설턴트나 프리랜서로서 새로운 소득을 창출할 필요가 있다.
- **개인 퇴직 계좌**: 퇴직연금을 활용한 개인 퇴직 계좌로 은퇴소득을 유지할 필요가 있다.
- **자산소득**: 부동산 임대소득이나 금융상품을 통한 이자나 배당소득으로 새로운 소득원을 만든다.

연금소득: 은퇴소득 중 가장 훌륭한 소득원이 될 수 있다. 공적 연금과 개인연금 등으로 준비한다.

40~50대도 나이를 먹는다

지금 당장은 나이를 먹은 자신의 모습을 상상하는 것이 잘 실감이 나지 않는다. 그러나 40~50대도 그들의 부모처럼 어느 날엔가는 나이를 먹게 될 것이고 결국 부모들이 나이를 먹어서 했던 것과 똑같은 고민을 하게 될 것이다. 어떤 스타일의 삶을 희망하고 어디에서 누구와 무엇을 하며 지낼지에 대해 미리 대비할 필요가 있다.

40~50대들도 사망에 대비해야 한다

40~50대들은 당연히 그들의 부모들보다 더 오래 살 것이라 생각할 것이다. 그리고 그들은 어느 날 갑자기 예기치 않게 죽게 되는 것을 원치 않을 것이기 때문에 자신들의 묘비명에 무엇을 써 넣을지, 자신의 장례식에는 어떤 음악이 흐르게 하고 싶은지 등도 한번쯤 생각해 볼 필요가 있다. 즉 자신의 죽음에 대해서 좀 더 밝고 긍정적 태도로 미리 대비해 두어야 한다. 누구나 한 번의 죽음은 맞이한다. 미래의 죽음을 미리 준비하고 유서 쓰기나 입관 체험 등으로 자신의 인생을 담담하게 정리하는 연습을 하기도 하

는데 오래 사는 것에 대해 준비하는 만큼 지금 당장이라도 떠날 수 있는 준비도 또 다른 한편으로 해두는 것이 바람직한 인생설계 모습이라 할 수 있다.

또 얼마나 오래 살지에 대해서도 검토해 보아야 하는데 가족력이나 자신의 건강상태 등을 고려해서 실제로 자신이 희망하는 기대수명을 예측해 볼 필요가 있다. 이는 생명표에 의해 대강 예측하는 것보다 대부분의 경우 훨씬 오래 살게 될 것이라는 것을 알게 해 줄 것이다.

또한 자신이 희망하고 계획하는 인생 후반부를 위한 설계에 적극적일 필요가 있다. 지금은 죽음조차도 일정 부분 자신의 의지대로 할 수 있는 상황임을 인식하고 정말 내가 세상에 왔다 간 의미를 실천하는 방식으로 사후 계획을 정리해 볼 필요가 있다.

은퇴에 대한 고정관념 깨기

03

첫 번째, 나이

> 나이대로 행동하지 마라.
> 젊은이처럼 행동하는 당신의 내면이 당신을 항상 그렇게 만들어줄 것이다.
> ─ J. A. West

사람들에게 언제 은퇴할 것이냐고 물어보면 대부분의 경우 나이를 기준으로 이야기한다. 그런데 우리가 생각하고 있는 은퇴연령은 매우 획일적이다. 대부분이 60세를 전후해서 은퇴를 하겠다고 한다. 그런데 우리는 정말 60세 전후에 은퇴를 하는 것이 맞을까?

왜 은퇴에는 나이가 중요한 것일까? 여기서 우리가 말하는 나이란 일반적으로 역연령이라고 하는 달력에 기준한 나이를 뜻한다. 나이를 측정하는 시점의 연월일과 자신의 생년월일을 비교해서 그 차이만큼을 나이로 말하는 것이다.

그런데 이 나이에도 다양한 모습이 존재한다. 우선 우리나라에서는 이렇게 계산된 것에 한 살을 더 보태서 자기의 나이로 말한다. 어머니 뱃속에 있던 기간까지를 감안한 것일 텐데 어쨌든 특이한 계산법이다. 미국식으로 나이를 말할 때는 정확하게 년 수와 개월 수, 심지어 날 수까지 정확히 계산한다. 그리고 보험사에서 쓰는 나이 산출 방식은 또 다르다. 이렇게 계산한 연월일 중에서 월도와 일자를 반올림해서 월도의 숫자가 6개월이 넘으면 한 살을 더하는 식이다. 이를테면 10년 6개월 2일이면 11살로 계산하는 것이다.

또 이렇게 계산한 나이라 할지라도 과연 정확하다고 장담할 수 있는가? 주민등록부에 올라가 있는 생년월일과 실제 생년월일이 다른 경우도 허다하니 말이다. 행정업무가 정확치 않고 유아 사망률이 높았으며 남아선호에 대한 관념이 강하던 시절에는 정확한 출생신고가 잘 진행되지 않았던 것은 익히 아는 일이다.

사정이 이렇다 보니 개개인의 차이를 평가하는 중요한 기준인 역연령도 한 사람에게 몇 개가 존재하게 되는 실정이다. 결국 이런 문제를 해소하기 위해 관공서에서는 주민등록부상에 기재된 생년월일을 유일한 근거로 삼아 성인에 대한 기준이나 참정권, 병역 소집권 등의 기준으로 사용하게 되었고 기업체에서도 퇴직의 기준으로 이런 역연령을 사용하게 된 것이다.

하지만 또 다른 측면으로 우리의 육체에 대해서는 이런 역연령을 객관적인 기준치로 삼을 수가 없다. 나이에는 건강나이라는 것도 있고 사회적 연령, 기능적 연령 등 다양한 연령들이 존재하는데도 우리는 은퇴 나이를 이야기할 경우 대부분이 역연령 중심으로 말한다. 역연령으로는 60이지만 20대와 같은 육체적, 정신적 건강상태를 유지하고 있는 경우도 있고 그 반대 상황도 존재하며 또 하나 역연령이 높고 연륜이 쌓일수록 그 능력이 커지는 분야들도 있는데 우리는 단지 이런 역연령만을 은퇴의 기준을 결정짓는 요소라고 생각하는 우를 범하고 있다.

이렇게 60을 전후한 시기로 은퇴 나이를 고정한 것은 지금으로부터 100년도 더 전에 서구에서 만들어진 개념을 차용했기 때문에 벌어진 현상이다. 물론 이것조차도 정확하게 어떤 기준을 가지고 만들었다기보다는 전시 행정의 일환으로 '은퇴연금'이라는 당근을 제시해 대중의 호감을 얻기 위해 거의 실현 불가능한 숫자로 설정한 기준이라는 것을 생각해 보면 막연히 이런 기준에 동조하는 우리 자신이 매우 어리석어 보이기까지 한다.

1889년 최초의 연금법이 제정되어 65세부터 연금을 지급하기로 한 독일에서 그 당시 국민의 평균수명이 46세 밖에 되지 않았다는 사실이 이를 증명한다. 평균수명은 46세인데 65세부터 연금을 주겠다는 것도 우습지만 이렇게 만들어진 기준을 평균수명이 80세가 넘는 현시대에 적용한다는 것도 어불성설이다. 사정이 이

럴진대 오늘날 우리들은 그 기준에 아무런 이의를 달지 않고 60만 넘으면 은퇴를 해야 한다고 생각들을 하고 있는 것이다. 따라서 은퇴에 있어서 단순히 나이가 기준이 된다는 고정관념은 지금부터 버려야 한다.

여기서 연령과 생산성의 상관관계에 대해서도 짚고 넘어가자.
왜 기업들은 일정 연령을 정해 놓고 강제 퇴직을 시키는 것일까? 여기에 대한 해답은 개인의 생산성은 일정 연령이 지나면서 나이가 많아질수록 더 낮아진다는 가설에 기초하고 있다. 이 주장에 따르면 강제 퇴직연령을 없애고 정년을 연장하는 것은 기업주에게 과다한 비용을 발생시킨다는 것인데 실제 연구에 의하면 이러한 주장은 근거가 희박하다고 한다.
오히려 많은 연구들이 고령자들의 임금이 연공에 의해 결정되기보다는 보이지 않는 고령자의 경험과 회사에 대한 충성심, 그리고 일에 대한 헌신 등 생산성 향상 요인들이 반영된 결과라고 해석하고 있다. 따라서 강제 퇴직연령을 정해 놓고 노동자를 은퇴시키는 것은 기업을 위해서나 노동자를 위해서 바람직하지 않다. 특히 근로자 입장에서는 평균수명의 연장에 따른 근로의 필요성이 높아지고 있지만 강제 퇴직연령은 변하지 않기 때문에 퇴직 후에는 법적 보호가 되지 않는 취약한 근로 현장에 종사하거나 상대적으로 진입 장벽이 낮은 자영업에 종사하게 된다. OECD 국가들의 40세 이상 퇴직 근로자를 대상으로 5년간 조사한 자료

| 표 1　OECD 국가별 40세 이상 퇴직연령 비교표(2008) |

	남자		여자		남자	여자	남자	여자
	실제은퇴	법적은퇴	실제은퇴	법적은퇴	초과근무연수		평균여명	
호주	64.4	65	62.2	63	0.6	0.8	78.1	83.0
오스트리아	58.9	65	57.9	60	6.1	2.1	76.4	82.1
벨기에	59.6	65	58.3	62	5.4	3.7	75.8	81.7
카나다	63.3	65	61.9	65	1.7	3.1	77.6	82.5
체코	62.2	62	58.5	59	−0.2	0.5	72.6	79.1
덴마크	63.5	65	61.3	65	1.5	3.7	75.5	80.1
핀란드	60.2	65	61.0	65	4.8	4.0	75.4	82.3
프랑스	58.7	60	59.5	60	1.3	0.5	76.4	83.5
독일	62.1	65	61.0	65	2.9	4.0	76.4	81.8
그리스	62.4	58	60.9	58	−4.4	−2.9	76.6	81.5
헝가리	59.7	62	58.2	60	2.3	1.8	68.6	76.9
아이슬란드	68.9	67	65.3	67	−1.9	1.7	79.2	82.8
아일랜드	65.6	66	64.9	66	0.4	1.1	76.4	81.3
이탈리아	60.8	65	60.8	60	4.2	−0.8	77.5	83.3
일본	69.5	63	66.5	61	−6.5	−5.5	78.6	85.5
한국	71.2	60	67.9	60	−11.2	−7.9	74.5	81.4
룩셈부르크	59.2	65	60.3	65	5.8	4.7	75.8	81.8
멕시코	73.0	65	75.0	65	−8.0	−10.0	72.7	77.6
네덜란드	61.6	65	61.3	65	3.4	3.7	76.8	81.3
뉴질랜드	66.5	65	63.9	65	−1.5	1.1	77.5	81.7
노르웨이	64.2	67	63.2	67	2.8	3.8	77.4	82.4
폴란드	61.4	65	57.7	60	3.6	2.3	70.7	79.1
포르투갈	66.6	65	65.5	65	−1.6	−0.5	74.7	81.3
슬로바키아	59.3	62	54.5	62	2.7	7.5	70.1	77.9
스페인	61.4	65	63.1	65	3.6	1.9	76.8	83.6
스웨덴	65.7	65	62.9	65	−0.7	2.1	78.2	82.6
스위스	65.2	65	64.1	64	−0.2	−0.1	78.5	83.7
터키	63.5	60	64.3	58	−3.5	−6.3	68.9	73.7
영국	63.2	65	61.9	60	1.8	−1.9	76.5	80.8
미국	64.6	65.8	63.9	65.8	1.3	1.9	74.9	80.2
OECD	63.5	64.1	62.3	62.9	0.6	0.7	75.5	81.2

- 주: 2002~07년 40세 이상 중고령층 대상 OECD국가들의 실질은퇴연령(5년간 평균) 및 공식퇴직연령.
  실질은퇴연령(effective retirement age): 노동시장에서 완전히 퇴장하여 더 이상 경제활동에 참여하지 않는 나이
  공식퇴직연령(official retirement age): 정년퇴직연령으로 연금을 수급하기 시작하는 연령을 의미(단, 국가에 따라 정년퇴직연령과 연금 수급개시연령이 다를 수 있음)
- 자료 : Society at a Glance 2009 : OECD Social Indicators.

를 보면 이러한 사실들을 확인할 수 있다.

2002~2007년 사이에 40세 이상의 중,고령층을 대상으로 OECD국가들의 실질 은퇴연령(5년간 평균) 및 공식 퇴직연령을 조사한 결과 우리나라의 실질 은퇴연령은 남성 71.2세, 여성 67.9세로 OECD국가 중 두 번째로 높은 것으로 나타났다. 실제 은퇴연령이 가장 높은 국가는 멕시코(73세/75세)였고 그 다음으로 한국(71.2세 / 67.9세)과 일본(69.5세/66.5세) 순으로 조사되었다. 한국의 40세 이상 중,고령자는 정년퇴직 후 남성은 약 11년, 여성은 약 8년 더 일하는 것으로 나타났는데 이 중 한국 남성은 OECD국가 중 퇴직 후 가장 장기간 일하는 것으로 조사되었고, 한국 여성 역시 멕시코 여성(10년) 다음으로 노동시장에 오래 남아있는 것으로 확인되었다. OECD국가의 평균 실질 은퇴연령은 남성 63.5세, 여성 62.3세로 OECD국가 대부분에서 '조기 은퇴(early retirement)'현상이 나타나고 있는데 이중 오스트리아(-6.1), 룩셈부르크(-5.8), 벨기에(-5.4), 핀란드(-4.8), 이탈리아(-4.2)를 비롯한 19개국(63%)에서 남성이 정년 이전에 은퇴하는 것으로 조사되었다. 또한 슬로바키아(-7.5), 룩셈부르크(-4.7), 독일(-4.0), 핀란드(-4.0), 노르웨이(-3.8)에서는 여성의 조기 은퇴 현상이 두드러지게 나타났다.

특히 이들 국가를 포함한 21개국(70%)의 여성들은 공식적인 퇴직연령 이전에 노동시장에서 퇴장하는 것으로 조사되었고 이와 대조적으로 멕시코(8.0/10.0), 한국(11.2/7.9), 일본(6.5/5.5), 터키

(3.5/6.3), 그리스(4.4/2.9) 등은 공식 퇴직연령을 넘기고도 노동시장에 남아 경제활동을 계속하는 '늦은 은퇴(late retirement)' 현상이 나타났다. 여기서 나타나는 이른 은퇴와 늦은 은퇴 중 어느 것이 은퇴자를 위해서 더 바람직한 것인지를 판단하기는 어려우나 은퇴자에 대한 사회보장정책이 안전하게 구축되어 있다는 가정 하에서는 법정 퇴직기간보다 일찍 은퇴하는 것이 좋은 것으로 판단할 수 있을 것이지만 사회보장장치의 미비로 생계를 위해 법정 퇴직기간을 지나 거의 평균 여명 기간까지 일을 한다는 것은 모두를 위해 비극이다.

헝가리, 벨기에, 슬로바키아, 룩셈부르크, 오스트리아, 프랑스 등의 국가에서는 정년이 되기 이전인 50대 후반에 조기 은퇴가 이루어지지만, 한국과 멕시코는 실질 은퇴연령이 70세를 초과하고 있다. 우리나라 인구의 평균수명도 이제 80세에 근접하고 있음을 고려해 볼 때 우리나라 고령자들도 적어도 70세까지는 장애 없이 정상적으로 경제활동을 할 수 있음을 시사한다. 실제로 우리나라 고령자들의 경제활동이 기업에서의 정년퇴직 연령을 훨씬 지나 거의 70세에 이를 때까지 계속된다는 사실이 이를 반증하고 있다.

그런데 우리나라 기업들의 평균 강제 퇴직연령이 일반 기업체의 경우 55세라고 할 때 남자들을 기준으로 보면 평균수명까지는 20년 가까운 시간을 하는 일 없이 보내야 하며 여자들의 경우에는 26년 이상을 낭비하게 된다는 의미이다. 이는 개인적으로나 국가적으로 심각한 손실이 아닐 수 없다. OECD 대부분 국가에서 공적 연금 지급 개시기로 삼는 통상적인 정년 65세를 기준으로 하더라도 약 10년 이상을 고용 불안정, 소득 불안정 상태로 고령령기를 보내게 된다.

이는 두 가지의 문제를 유발한다. 첫째는 이들의 소득 불안정을 보완하기 위해 젊은 세대들이 희생해야 한다는 것인데 실제로 우리나라에서 2010년에 1명의 고령인구를 부양하기 위해 7명의 젊은이들이 활동하지만 2030년이 되면 인당 3명, 2050년이 되면 1.5명이 노인들을 부양하게 되어 심각한 세대 갈등이 유발될 수 있다. 둘째로는 이들의 전문지식과 기능을 활용할 수 없게 되어 생산성의 약화가 예상된다는 점이다. 따라서 나이를 먹는 것이 생산성에 부정적인 영향을 미칠 것이라는 이론에 근거한 강제 정년제도는 재고되어야 한다.

두 번째, 은퇴와 일의 관계

> 스스로에게 물어봐라. 만약 모든 직업이 한 시간에 2달러만 지급된다면, 무슨 일을 하고 싶은지. 그 질문에 대답하는 순간, 첫 번째는 무급이라 하더라도 그 일을 시작해라.
> – Greg Aldrik

은퇴와 일의 관계에서는 크게 두 개 부문에서 검토를 해보아야 한다. 그 첫 번째가 은퇴 여부를 결정하는 판단 기준을 일을 하느냐 안 하느냐로 하는 것이 맞는 것인가? 두 번째로 은퇴 후에 일을 하는 것이 옳으냐 아니냐? 이 두 가지 관점에서의 일에 대한 검토가 필요하다.

우선 이렇게 일을 하고 안 하고를 기준으로 은퇴 여부를 결정하는 것은 앞에서 설명한 것처럼 사회보장제도가 만들어질 때 퇴직과 동시에 연금생활이 시작되면서 만들어진 개념이다. 그러나 엄밀한 의미에서 사회보장제도의 혜택을 받을 수 있는 계층만을 위해 도입된 이런 개념들은 자영업자나 아니면 소외계층에게는 적용되지 않았고 또한 평균수명이 연장되면서 이런 기준이 과연 옳은가에 대해서도 많은 비판들이 생기기 시작했다. 또 앞에서 검토해 보았던 연예인이나 스포츠 선수들처럼 특정 연령층에서 그 가치가 극대화되는 경우 그 사람 인생 전체를 놓고 보면 그 분야에 집중한 기간은 인생의 일부에 불과한데 나머지 인생에서 다른 일을 하는 경우에 이런 기준이 맞느냐 하는 문제를 같이 내포하고 있다.

두 번째로 은퇴생활에서 일을 하는 것이 옳은지에 대한 논의는 과거처럼 은퇴를 일을 그만두고 휴식만을 취하는 기간으로 생각하던 때와는 달리 은퇴생활 기간이 많이 늘어난 40~50대들에게는 적절한 것이 아니다. 물론 은퇴를 일을 그만둔 정도를 가지고 정의한다면 이 말은 모순일 수 있으나 은퇴 전과 같이 올인하는 것은 아니라 할지라도 은퇴생활 기간 동안 적절하게 일을 유지하는 것이 바람직하다는 견해들이 많아지고 있다. 그래서 극단적으로 종전 개념대로 은퇴생활에서는 절대로 일을 하지 않아야 한다면 차라리 영원히 은퇴를 하지 않거나 은퇴라는 말이 없어져야 한다는 주장들이 나오게 된다.

그렇다면 은퇴 전의 40~50대에게 일은 어떤 의미를 가지고 있을까?

일이 주는 가장 큰 혜택은 보상이다. 우리는 우리가 하는 일로부터 보상을 받는다. 일은 우리에게 재무적 보상을 준다. 나아가 일은 우리에게 재무적 보상 이상의 무언가를 제공한다. 그러나 우리의 대부분은 이런 혜택을 잘 모른다.

다른 혜택으로 일은 우리에게 시간을 관리할 수 있도록 해주고 자신의 사회적 목표와 상태를 알게 해 준다. 일은 우리가 시간을 관리하게 함으로써 우리 삶을 구조화 시켜준다. 때때로 일은 우리에게서 너무 많은 시간을 빼앗아 가기 때문에 즐길 수 있는 시간을 조금 밖에 남기지 않기도 한다. 그래서 일은 우리가 어디서 무엇을 해야 하는지를 알게 해주고 우리를 조직화 해준다.

일을 함으로써 우리는 동료들이나 고객들과 함께 사회적으로 결합 된다. 일은 우리가 어디에 소속되어 있고 그곳과 어떻게 연결되어 있는지를 깨닫게 하는 관계를 만들어 주고 그 형태를 결정짓는다. 일을 하는 동안 우리는 일을 통해 알게 된 사람들과 상호작용하고 커뮤니케이션을 하는 것으로 시간을 보내게 된다. 우리는 일을 통해 동료애를 알게 된다.

우리들 중 많은 이들은 일로부터 자신의 존재를 느낄 수 있다.

내가 누구이고 무엇을 하는 사람인지를 알게 하는 개인의 가치와 정체성에 대한 자각은 대부분 일로부터 주어진다. 우리의 경력은 우리가 누구인지 우리가 무엇을 하는 사람인지를 분명하게 해주는 그림이다. 일을 통해서 얻어지는 직책은 우리가 무엇을 하는 사람인지를 알게 해주는 중요한 지표이다.

일은 우리에게 목적 있는 삶을 제공한다. 목적은 우리가 어떤 방식으로든 다른 사람들을 돕게 만들기 때문에 우리에게 삶의 의미를 부여한다. 그래서 일은 우리 삶에 대한 만족도가 어느 정도인지를 측정해주는 중요한 수단이다.

그렇다면 우리가 삶의 만족을 얻기 위해서 은퇴한 이후에는 우리의 일을 어떻게 재조정해야 할까?

은퇴는 자기반성과 설계를 요구하는 복잡한 과정이다. 그것은 비단 돈에 관한 문제만이 아니다. 일은 은퇴를 준비하며 고려해야 하는 다른 많은 중요한 사항들과 마찬가지로 매우 중요한 사회적 정신적 육체적 의미가 내포된 것이다.

우리는 일을 하지 않을 때 우리가 누구라는 것을 어떻게 드러낼 수 있을까? 일이 어떻게 우리의 삶의 변화를 만들어 내도록 융통성을 발휘할까? 이것들이 은퇴가 우리에게 주는 실제 의미가 무엇인지에 대해 생각할 때 깊이 고민해야 할 중요한 질문들이다.

많은 40~50대들이 전통적인 은퇴를 따르고 싶어 하지 않는다. 그들 중 일부는 돈이 필요하기 때문에 파트타임으로라도 일을 계속하고 싶어 하거나 실제로 일을 너무나 즐기기 때문에 풀타임으로 일을 계속하고 싶어 한다. 일부는 새로운 창업을 모색하거나 가치 있는 일을 위해 봉사활동을 시작하기도 한다.

40~50대의 많은 이들이 은퇴 후 맞이하게 될 30년을 가만히 앉아서 인생이 낭비되는 것을 방치하며 보내지 않을 것이라는 것은 분명하다. 이것이 새롭게 은퇴를 맞이하는 세대들의 바람직한 모습이다.

그래서 지금 이 순간이 바로 우리가 바람직한 은퇴를 위해 주의를 집중해야 하는 가장 중요한 시간이 되는 것이다. 은퇴를 휴가로만 보낸다는 생각은 우리 삶의 다음 구간에 대한 무책임한 태도이다. 자신의 존재가치를 실현할 수 있는 일을 어떻게 준비해야 하는가에 대해 깊이 고민해야 하는 이유가 여기에 있다.

세 번째, 은퇴와 역할

노동시장에서 말하는 은퇴란 고용상태에 있던 사람이 그 직위에 관련된 역할의 수행을 중단하고 새로운 역할에 적응하도록 하는 전환점을 뜻한다. 전통적으로 은퇴는 노동력의 상실, 그로 인한 경제적, 사회적 자원 상실의 계기가 되기 때문에 은퇴자에게 커다란 스트레스가 될 수 있다. 나아가 삶의 만족도를 떨어뜨리는 주요한 요인이기도 하다. 특히 우리나라의 경우 이른 정년을 비롯해 노동시장에서의 조기 퇴출, 은퇴 이후 삶에 대한 준비부족, 사회·경제적 역할 상실, 소득감소, 사회복지제도 미비, 자녀

학업 및 혼인 등으로 인한 재원의 필요성 등으로 인하여 노동시장에서의 은퇴는 삶의 만족도에 매우 큰 영향을 미치는 문제이다.

은퇴자들의 노후 역할에 대해 심리학적 관점에서 제기된 다양한 주장들이 있는데 활동이론, 분리이론, 지속성론, 교환이론, 성장발달이론 등이 대표적인 것이다.

그 첫 번째 활동이론이란 노년은 중년의 연장일 뿐이므로 활동을 중단할 것이 아니라 지속하는 것을 당연하게 보기 때문에, 노년기의 생의 만족은 적정 수준의 사회적 활동을 유지할 때 가능하다는 견해이다. 따라서 사회적 활동은 성공적인 노화에 필요조건이 되는 것으로, 신체적 및 정신적으로 활동에 적극 참여하면 노년기의 기능을 유지하는 데 도움이 된다고 본다. 노년기의 잦은 활동과 친교관계 유지는 자아 개념의 강화와 생의 만족감을 주고 건강을 유지하는 데 중요한 기능을 한다.

두 번째로 분리이론이란 은퇴자들이 왜 사회의 중심권에서 벗어나는가를 설명하기 위해 개발되었는데 노인은 사회에 유익하지 않은 존재이기 때문에 사회는 노인을 사회로부터 분리시키며 개입을 허용하지 않게 된다고 보는 입장이다. 아울러 노인도 나이가 들면서 스스로 사회에서 멀어지기를 원하는 것으로 본다. 따라서 노인의 사회분리는 사회와 노인 모두에게 이롭다는 주장이다. 역사적으로 원래 은퇴는 근로자들을 어렵고 힘든 일에서 벗어나게 하여 여생을 정당히 얻은 휴식 상태에서 보내게 하는 귀하고 가치 있는 것으로 간주되었다. 사실 대부분의 사람들은 완전고용으로부터 물러나기를 원하고 철수할 수 있는 기회를 환영한다. 이러한 과정은 상호만족을 제공하게 되므로 은퇴를 사회의 필연적·보편적·규범적인 현상으로 보는 이론이다.

세 번째 지속이론은 개인은 새로운 역할을 발견하는 것보다 이미 가능한 한 수행했던 역할 내에서 보내는 시간을 증가시킴으로써 은퇴를 극복해야 한다고 주장하고 있다. 이 이론은 노인은 새로운 실험보다는 절대 확실한 방법에 집착하는 경향이 있다는 발견과, 대부분의 은퇴자는 가능한 한 은퇴 전 생활과 같은 생활을 원한다는 사실에 근거를 두고 있다. 노년기의 신체적·정서적 역량의 감소는 선택적으로 사회활동에 참여하게 하며, 자기 자신에게 보다 많은 관심을 두고 특정 취미에 몰두하게 되는 경향을 보인다. 이러한 행동은 마치 노인들이 자기 중심적이고 고집 세고 사회에 무관심한 성격으로 변한 것처럼 보이게 하기도 한다. 그러나 지속이론은 전체적인 활동량에 있어서는 점진적인 감소를 허용하고 있다.

다음으로 교환이론은 왜 사람들은 나이가 들어감에 따라 사회적 상호작용과 활동이 감소하게 되는지에 대한 해답을 찾고자 시도했다. 특히 이 이론은 가족 관계에 있어서 부모와 자녀 관계에서 나타나는 돌봄과 관련된 지원이 어떻게 이루어지고 있는지를 파악할 수 있게 해 준다. 몇몇 연구들은 자녀들이 부모로부터 받은 돌봄의 대가로 자신들의 노부모를 돌보기도 하지만 나이 들어 부양을 받는 노인들은 그에 대한 보답으로 손자녀들을 돌보는 기회를 의미 있게 생각하고 있다는 것을 밝히고 있기도 하다. 개인과 집단 간 교환은 교환에 참여하는 사람이 그 상호작용에서 이득을 얻는 한 지속되며, 노인이 되면 사회적 상호작용에서 이득이 감소하므로 이에 따라 사회적 교환활동도 감소한다는 견해이다. 사회적 교환과정에서의 이득 발생이란 소요되는 비용에 비하여 보상이나 자기만족이 동일하거나 그 이상일 경우를 의미한다. 노인이 되면 건강, 대인관계, 수입 등 권력의 원천이 줄어들어 사회와 노인 간에 불균형 교환이 일어나게 되어 노인의 사회 내 상호작용이 감소 내지 단절을 초래하게 된다는 것이다.

마지막으로 성장발달이론은 노년기에 이르기 전 단계에서의 과업 완수 수준은 노화과정의 예측 인자가 된다는 견해이다. 즉, 훌륭한 적응 전략을 개발하여 이제까지의 생애에서 성장발달 과업을 성공적으로 완수한 노인이 노년기에도 성공적으로 대처한다는 주장이다. 다시 말해 개인의 전 생애를 성공적으로 해결하였다면 노년기 과업도 성공적으로 해결할 수 있다고 주장하는 이론이다.

이들이 나름의 이론적인 기반을 가지고 있지만 평균수명의 연장과 은퇴와 관련된 사회, 신체적 여러 요소를 고려해 본다면 교환이론이나 분리이론보다는 활동이론과 지속이론, 그리고 성장발달이론 등이 40~50대의 은퇴문제를 다루는 데 더 적합하다고 볼 수 있다.

은퇴의 진행과정 미리보기

04

　　은퇴를 하는 데에도 일정한 과정이 있다. 물론 모든 이들이 동일한 과정을 거치는 것은 아니지만 대부분의 은퇴자들이 다음과 같은 과정을 거쳐 은퇴생활에 돌입하게 된다.

먼 단계

　　은퇴를 많이 앞둔 시기에 맞이하는 이 단계에서는 사람들은 은퇴에 대한 준비도 하지 않으며 가능한 한 은퇴라는 사건도 믿지 않으려 한다. 12월 말에 정년퇴직을 앞둔 공무원들을 대상으로 12월 중순에 강의를 한 적이 있었는데 그들은 그 전날 까지도 현장에서 업무를 수행하고 있었다고 했다. 또 정년이 6개월 정도 남은 부부와 상담을 했는데 남편은 아직 은퇴 후 무엇을 할지에 대해 구체적으로 생각한 것이 없다고 했고 부인은 지금까지 남편이 잘해왔고 자신은 집안 살림만 해왔기 때문에 앞으로도 남편이 잘할 것이라 믿고 있다고 했다.

이렇게 은퇴가 눈앞에 닥친 사람들조차도 은퇴를 바로 바라보지 않고 회피하려는 경향이 매우 크다. 회사에서 지원하는 부부 동반 은퇴설계 워크숍을 진행하기로 하고 대상자를 모집하는데 신청자가 없어서 애를 먹은 경우도 있었다. 인사 담당자와 경영층은 정말 직원의 미래를 위해 이런 프로그램을 준비했는데 당사자들은 혹시 회사가 나를 내보내려고 이런 프로그램에 참가하라고 하는 것이 아닌지 의심하면서 신청을 피하는 것이었다. 인사 담당자들이 확인한 바에 따르면 주말에 골프 약속이 있거나 부인이 반대를 해서 참석을 못한다는 것이었는데 은퇴 후 생활의 중요성에 대해 좀 더 진지하게 생각을 해 보았다면 자비로라도 이런 프로그램에 참석해서 미래를 설계하는 것이 바람직할 텐데 정말 안타까운 상황이었다. 또 회사에서 프로그램 안내를 하면서 은퇴설계 프로그램이라고 했더니 은퇴라는 말이 기분 나쁘다고 프로그램의 이름을 바꾸거나 심지어는 은퇴연구소에서 진행하는 프로그램이라 어감이 안 좋으니 연구소 이름을 바꾸는 것이 좋겠다는 충고도 있었다.

생명보험 상품 중에 종신보험이라는 상품이 있다. 말 그대로 죽을 때까지 보장을 해주는 상품이라는 뜻으로 그렇게 불린다. 그런데 보험은 그 본래의 취지가 경제적 위험에 대비하는 수단이고 그 중 생명보험은 사람의 생사에 관련된 경제적 위험에 대비하는 상품이다. 인생사에 있어 다양한 경제적 위험이 존재하지만 그 위험의 심각성을 중심으로 분류해 보면 제일 치명적인 경제적 위험이 가장이 사망하는 경우이다. 그런데 우리나라에서는 종신보험이 이런 가장의 사망에 대비해 경제적 보장을 하는 가장 중요한 상품인데도 불구하고 고객들은 이 상품의 보험급부에 '죽으면' 이라는 단서가 붙어서 싫다는 것이었고 판매하는 사람도 고객의 심리적 거부감 때문에 외면당하는 이 상품보다는 보험 본래의 취지와 잘 맞지도 않는 저축성보험 판매에 집중하곤 했다. 그러다 보니 우리나라 가구당 보험가입률은 세계 최고 수준으로 높아졌는데 정작 가장에게 불의의 사고가 발생했을 때 지급되는 보험금은 액수가 미미하거나 조건이 안 된다는 이유로 보험금 지급이 거절되곤 했다.

그러나 미국 보험회사가 우리나라에 진출하면서 순수한 사망 그 자체가 보험금의 주된 지급 사유인 종신보험 판매를 전문으로 하는 대졸 남자 설계사들을 양성해서 주로 전문직 고소득자들을 대상으로 종신보험 마케팅을 펼쳤다. 지금까지 죽음이라는 단어조차 기피했던 종전 보험설계사들과는 달리 이들은 고객들의 손을 잡고 불의의 사고로 선생님의 이 따스한 손길로 전해지는 아빠의 사랑이 더 이상 전해지지 않았을 때 남은 자녀들과 배우자가 겪을 어려움을 상상해보라고 한다. 심지어는 눈물을 보이기까지 하며 가장의 책임과 가족 사랑의 중요성을 설득하기도 한다.

결국 이들은 누구도 피할 수 없지만 대놓고 그것을 거론하기를 꺼려하는 죽음이라는 단어를 직접 거론하며 이를 직시하게 하여 여기에 대한 대비를 하지 않았을 때 고객 가족에게 일어나게 될 문제들을 생각하게 하였다. 그 결과 이들 전문가 집단들이 그동안 막연한 불안감을 가지고 있기는 했지만 그 구체적 실체에 대해 생각하지 못했던 자신의 사망에 따른 여러 가지 문제의 심각성과 이에 대한 사전 준비가 필요하다는 것을 인식하게 되었던 것이다. 사망보장을 위한 대비책으로 가입하는 종신보험 상품은 처음에는 아주 소수의 집단들이 가입을 했지만 아주 빠른 기간 동안에 일반인들에게도 그 중요성이 알려지면서 지금은 생명보험사의 가장 중요한 상품으로 인식되어 전체 가구 중 가장 많이 가입한 상품으로 자리매김하게 되었다.

  오래 사는 위험, 즉 은퇴와 관련해서 발생할 수 있는 위험들도 사망 위험에 비해 결코 그 중요성이 작다고 할 수 없다. 따라서 은퇴도 사망처럼 미리 생각하기 싫은 문제일 수 있지만 가급적 은퇴가 많이 남아 있는 오래 전부터 미리 준비하는 것이 현명하다. 은퇴 후에 자신이 좋아하고 재미있어 하며 즐길 수 있는 것들을 검토하고 이를 잘 할 수 있도록 준비하는 것도 아울러 필요하다.

퇴직 직전 단계

이미 퇴직 일자가 정해져 있는 경우는 조금의 여유가 있다. 그러나 대부분의 명예 퇴직이나 조기 퇴직 등은 길어야 한 달 아니면 보름 정도의 기간만이 주어진다. 퇴직 이후 다른 선택의 여지가 있는 경우는 조금 낫지만 도저히 빠져나갈 수 없는 대상으로 확정된 경우 그 참담함은 이루 말로 표현하기 어렵다. 현실로 받아들일 수가 없어 차라리 꿈이기를 기대하기도 한다.

주변의 비슷한 상황에 처한 동료들과 퇴직금의 규모나 퇴직 조건 등에 대해 이런 저런 얘기를 나누고 가족들에게 어떻게 설명을 해야 할지를 고민한다. 많은 걱정이 앞서지만 설마 어떻게 되겠지 하는 막연한 기대감도 있다.

이미 퇴직이 결정되어 있는 경우라 해도 이 단계에서는 두 가지 현상이 나타나는데 많은 경우 곧 그만둘 사람의 태도를 보이면서 냉소적인 행동을 취하거나 그동안의 직장생활이 힘들고 지긋지긋하다며 퇴직 후 생활에 대한 환상에 빠져 은퇴를 기다리기도 한다. 냉소적인 태도를 보이는 사람들은 대부분이 회사를 그만두는 것에 대해 피해의식과 함께 엄청난 두려움을 갖고 있는 경우가 대부분이다. 또 멋진 은퇴를 꿈꾸고 있는 경우에도 그 생각이 현실적인 준비가 갖추어진 상태에서의 생각이라면 좋겠지만 그저 막연한 환상 속의 그림이라면 은퇴생활에 대한 적응은 힘들 뿐 아니라 큰 상처가 남거나 환멸을 경험하는 결과를 초래할 수 있다.

은퇴 초기 단계

익숙한 것들과의 결별이 서서히 시작된다. 아침에 기사도 오지 않는다. 괘종시계 소리에 깨지 않아도 된다. 출근과 동시에 진행할 미팅도 없고 엘리베이터를 타도 더 이상 누가 버튼을 눌러주지 않는다. 비행기를 타도 비즈니스가 아닌 이코노믹이다. 그것도 내 카드로 결제하고 다음 달에 지불해야 한다. 모닝 커피와 함께 당일 스크랩한 기사를 가져다주는 비서도 없고 달려와 출입문을 열어주는 경비도 없다. 한 달 이상의 스케줄로 채워져 있던 점심과 저녁 약속도 없고 매 주말을 가득 채웠던 골프 약속도 없다. 어쩌다 마주친 직장 동료들이나 직원들이 자꾸 쳐다보는 것 같아 뒤통수가 근질거리고 몇 번 이런 경험을 한 이후는 차라리 그들이 알아보기 전에는 아는 척을 하지 않거나 아예 먼저 피하게 된다.

물론 이것은 좀 특별한 경우에 해당되는 가정이긴 하다. 그러나 정도의 차이는 있지만 누구나 이것들 중 몇 가지는 경험하게 된다. 이 상황에서 은퇴자들에게 가장 큰 문제는 정신적인 상실감을 어떻게 극복하느냐 하는 것인데 역할 변화에 따른 현실을 받아들일 수가 없어 엄청난 좌절감을 느끼는 시기이기도 하다. 이런 상황을 원만하게 극복하지 못하면 은퇴생활로의 연착륙은 불가능해지고 외톨이가 되거나 극단적인 행동으로 문제를 일으키기도 한다.

그러나 대부분의 은퇴자들은 어떤 경우로든 은퇴가 시작되고 나면 그동안 의무적이고 시간 제약적인 직업에서 벗어난 자유로움에 어느 정도 도취된 시간을 누리기도 한다. 부부가 같이 여행을 하기도 하고 그동안 하고 싶어도 시간이 없어서 못했던 일을 시작할 것이며 여러 해에 걸쳐 관심을 갖고 있던 흥밋거리나 여가활동에 대부분의 시간을 소비하게 된다. 이미 은퇴생활을 하고 있는 선배들을 만나거나 성공적인 은퇴생활을 한다고 생각되는 주변 사람들을 만나 은퇴생활에 관한 정보를 얻으려고 노력하는 시기이기도 하다.

그러나 다른 한편으로 이 시기는 그동안 수십 년간 익숙해져 있던 많은 것들과 결별을 하고 새로운 생활방식에 적응을 해야 하는 기간이며 가장 가까운 가족들을 비롯해 이웃이나 친구, 직장 동료들에게 자신의 거취를 어떻게 알려야 할지에 대해 많은 갈등을 겪는 때이기도 하다.

또 이 기간은 새로운 사업을 시작하거나 새로운 직업을 찾는 활동을 하는 기간이기도 하다. 특히 새로운 사업을 시작하는 경우 준비가 충분하지 않은 상태에서 퇴직에 대한 보상심리로 규모를 지나치게 크게 하거나 정확한 수익 모델을 검증하지도 않은 사업에 뛰어드는 실수를 저지르기도 한다.

이런 기간 동안에도 끊임없이 돈이 들어가는데 종전과는 달리 고정적인 소득이 중단된 상태에서 지출만이 요구되기 때문에 경제적 준비가 충분하지 못한 사람들은 이 단계를 건너뛰어 바로 다음 단계로 들어가게 된다. 또한 환멸적인 은퇴를 하였거나 강제적 은퇴를 한 경우에도 대개 이 과정을 거치지 않는 경우가 많다.

현실 인식 단계

은퇴 초기 단계를 벗어난 사람들도 상당수가 안정 단계에 들어가지 못하고 은퇴 전에 가졌던 이상은 한갓 환상에 불과하다는 것을 깨닫게 되어 생활이 침체되고 환멸을 느끼거나 우울한 상태에 빠지며 심한 경우에는 절망감을 겪기도 한다. 막연한 두려움 속에 은퇴를 맞이한 사람들은 준비 부족에서 오는 은퇴생활의 어려움이 상상했던 것 이상일 수 있다는 것을 경험하게 되며 막연한 환상 속에 은퇴를 맞이한 경우에도 지나치게 많은 여유 시간을 관리하는데 애를 먹기도 하고 새로운 환경에서의 예상하지 못한 많은 어려움들을 경험하게 된다. 또한 새로운 사업을 시작하거나 직업을 찾은 경우에도 그 분야가 전직과 자연스럽게 이어질 수 있도록 미리 준비해 둔 상태가 아니라면 금전적인 손실이나 인간적인 배신을 겪기도 하고 그로 인해 은퇴생활에 대한 회의에 빠지게 되는 과정이다.

이 단계를 성공적으로 헤쳐나간 사람들은 대부분 전직에서 갖고 있던 자신의 이미지를 새롭게 시작하는 일에 맞게 변화시키는 데 성공한 사람들이다. 종전에 누렸던 많은 혜택이나 권력에 집착하여 새로운 일에 대한 자신의 이미지를 일치시킬 수 없는 사람들은 결국은 실패하게 된다.

새로운 도전의 단계

은퇴의 현실을 인식하게 되면 자신의 재정 상태나 개인적인 능력과 한계, 그리고 자신이 처한 새로운 상황에 대한 정글의 법칙을 이해하게 된다. 세상이 그렇게 만만하지도 않고 자신을 보호해 주던 조직의 울타리도 더 이상 존재하지 않는다는 것을 알게 된다. 그동안 스스로 울타리를 치고 주변과의 관계를 단절했던 이들은 멀어졌던 사람들과 관계를 회복하고 현실에 맞는 생활로 적응하기 위해 노력하며 새로운 은퇴생활의 모델을 만들어 가는 과정이다.

이 과정의 특징은 예측이 가능하고 오래 유지될 수 있는 실현 가능한 새로운 방안을 모색한다는 데 있다. 물론 이 과정도 모든 사람들이 거치는 것은 아니며 현실을 인식하고 나름대로의 적응력이 있는 사람의 경우에 그렇다는 말이다. 은퇴에 대한 현실적인 문제를 인식하지 못하고 은퇴 후 생활에 적응하는 데 실패한 경우에는 새로운 도전은커녕 방향키를 잃어버린 돛단배처럼 표류하는 신세가 될 뿐이다.

안정적인 은퇴생활 단계

은퇴생활에 대한 자신만의 안정적인 기준을 정립하여 주어진 환경과 적절하게 조화를 이루며 알찬 생활을 꾸려가는 시기이다.

인생에 있어 가장 평안하고 욕심이 없는 생활을 할 수 있으며 인생의 의미를 느끼는 시기이다. 자원봉사를 하거나 의미 있는 활동으로 시간을 보내며 주변으로부터도 존경과 찬사를 받는, 만족도가 가장 높은 시기이다.

종결 단계

은퇴자로서의 역할이 종결되는 단계인데 대부분의 경우 질병이나 무능력으로 더 이상 자기보호와 같은 기본적이고 필수적인 활동을 수행할 수 없게 되어 은퇴자의 역할에서 환자의 역할로 바뀌게 되는 단계이다. 따라서 스스로의 활동에서 독립성이 상실되고 제약이 많아져 누군가의 도움을 받아야 하는 의존성이 계속 증가하게 된다.

이러한 의존성에는 소득의 상실로 인한 경제적 의존성과 신체적 기능의 약화로 인한 신체적 의존성, 중추신경조직의 퇴화로 인한 정신적 의존성, 생활에 있어서의 의미 있는 중요한 사람의 상실로 인한 사회적 의존성(남편의 사망으로 인한 가정과 사회에서의 부인의 힘의 상실, 아내와의 사별로 인한 가사일의 의존성 등)이 증가하고 이러한 심리적, 정서적 의존성은 건강이 좋지 않을수록 더욱 커진다.

이상에서 살펴본 은퇴의 진행 과정의 각 단계는 은퇴자의 개별적인 경제 사정 등 여러 가지 요인에 따라 다양한 형태로 나타나게 된다. 따라서 현실성 있고 실현 가능한 목표를 세우고 이를 위한 대비를 얼마나 충실히 하느냐에 따라 은퇴생활에 대한 만족도가 크게 달라질 수 있다는 사실을 깊이 인식하고 각자의 여건에 맞는 은퇴준비를 미리 해 두어야 하는 것이다.

행복한 은퇴를
위한 마음의 준비 9가지

05

　퇴직이나 은퇴에는 큰 스트레스가 따른다. 그러나 이것은 직장이나 직업으로부터 끝을 의미하는 것이지 인생의 끝을 의미하는 것은 아니다.

　많은 사람들은 인생의 후반기에 인생의 전반기보다 더 큰 업적을 남기기도 한다. 따라서 은퇴를 우리 인생에서 이루고 싶었던, 그러나 인생의 전반기에서는 가족의 생계나 직장의 상황 때문에 할 수 없었던 일들을 향해 힘차게 도전하는 기회로 삼는 지혜가 필요하다. 은퇴를 인생에서 물러나거나 덤으로 주어진 시간으로 간주할 것이 아니라 인생이라는 큰 여정에서 새로운 여행지를 향해 출발하는 의미 있는 시작으로 생각할 필요가 있다.

　이를 위한 가장 중요한 문제는 스스로가 원하는 은퇴가 어떤 것인지를 이해하고 이를 위해 그동안 우리가 갖고 있던 생각들을 정리해 보고 행복한 은퇴를 설계하는 데 장애요소와 고려요소가 어떤 것인지를 검토해 보아야 한다.

어떤 유형의 은퇴자가 될 것인가

그런데 이러한 은퇴 프로세스에 들어가기에 앞서 알아두어야 할 것들이 있다. 은퇴에 대한 적응 양상은 사람마다 달리 나타나는데, 이에 대한 사전 지식을 습득해 대비하는 것이 스트레스를 예방하는 길이라 할 수 있다.

심리학자 라이카르드 등은 은퇴한 남자들을 대상으로 은퇴 후의 성격, 적응 양식을 면밀히 조사하여 다음과 같은 다섯 유형을 보고하였다.

첫째는 성숙형이다. 이들은 큰 어려움 없이 은퇴 후 늙어가는 자신의 삶을 그대로 받아들이고 일상 생활이나 대인 관계에서 만족을 느낀다. 또한 지금까지 자신의 일생이 값진 것이었다고 느끼고 후회나 미래에 대한 공포가 없으며 일상 및 사회생활에서 활동적이다.

둘째는 은둔형이다. 이들은 지금까지 가지고 있던 무거운 책임에서 벗어나 조용한 생활을 하게 된 것을 감사하게 생각한다. 이들은 원래 수동적이었던 사람들로 조용하고 수동적인 삶을 살고 싶었던 욕구를 충족시키게 되었음을 기뻐한다.

셋째로는 무장형이 있다. 이들은 늙어감과 소외에 대한 불안이

심하고 이 불안을 없애기 위해 은퇴 후에도 다른 사회 활동이나 기능을 계속 유지하려 노력하는 사람들이다. 즉 은퇴 후의 수동적인 면이나 무력함을 받아들이지 않고 계속 무엇인가를 함으로써 자신의 능력 감소를 막으려 노력하는 것이다.

넷째는 분노형이다. 이들은 자신의 인생 목표를 모두 달성하지 못하고 은퇴하였다고 비통해 한다. 또한 실패의 원인을 불행한 시대, 경제 사정, 부모, 형제, 자녀 등 다른 곳으로 돌려 남을 질책하고 은퇴 후 자신의 처지를 인정하지 않으려 한다.

다섯째 자학형이 있다. 이들도 은퇴 후 자신의 삶을 실패로 보고 비통해 한다. 그러나 분노형과 달리 그 원인을 자기 자신에게 돌리고 자신을 꾸짖는다.

이 중에서 성숙형이 가장 이상적이라고 한다면 은둔형과 무장형은 비교적 잘 적응한 경우이고, 분노형과 자학형은 적응에 곤란을 겪고 있다고 할 수 있다. 물론 이러한 적응 양식은 일생 동안 형성된 성격의 결과로 나타난다. 보다 성숙된 성격 형성을 성취한 사람이 은퇴 후에도 행복한 생활을 누리게 되는 것이다. 따라서 현재 은퇴한 사람이라면, 또는 은퇴를 앞두고 있다면 과연 자신은 어떤 유형인지, 또 어떤 유형이 될 것인지 돌아볼 필요가 있다.

은퇴목표 인지하기

> 절대 은퇴하지 마라. 미켈란젤로는 그가 89세에 사망하기 직전까지 '론다니니의 피에타(Pieta Rondanini)'를 조각하였고, 베르디는 80세에 오페라 '팔스타프(Falstaff)'를 완성하였다.
> ─ W. Gifford-Jones

"Because it is there! ─ 산이 거기 있으니까!"

지구상에서 제일 높은 산은? 당연히 에베레스트 산이다. 그러나 1852년까지는 이 산이 아니었다. 에베레스트는 그 전까지만 하더라도 그저 히말라야의 79개 고봉 중의 하나일 뿐이었다. 이전까지는 칸첸중가라는 8,586m의 산이 가장 높은 것으로 알려져 있었으나 1852년 인도 측량국의 앤드류 워가 에베레스트의 높이가 8,848m라는 것을 밝혀내면서 최고의 산으로 알려지게 되었다. 산의 이름도 없이 그저 피크 15로 불리던 이 산은 영국 사람들에 의해, 1865년 인도 측량에 현격한 공을 세운 전임 측량국장 에베레스트의 이름을 따, 에베레스트 산이라 불리게 된다. 원래 네팔에서는 시가르마타('하늘의 이마'라는 뜻), 티베트에서는 초모룽마('세상의 어머니'라는 뜻)라는 이름으로 불리고 있었지만 강대국 영국의 입김이 더 세었던 탓에 에베레스트로 굳어지게 되었다.

에베레스트가 세계 최고의 산으로 알려지면서 많은 사람들이 이 산을 등정하고 싶어 했다.

그러나 그냥 가고 싶다고 갈 수 있는 그런 쉬운 산이 아니었던 관계로 1921년이 되어서야 최초로 에베레스트를 등정하기 위한 원정대가 조직된다.

1921년의 1차 원정, 그리고 1922년 2차, 1924년의 3차 원정까지 참여했던 조지 말로리라는 등산가에게 그렇게 힘든 산을 왜 오르느냐고 물었더니 그의 대답이 바로 "산이 거기 있으니까"였다.

1962년 미국 대통령 존 F 케네디는 라이스 대학에서 "우리는 달에 가기로 결정했습니다"라는 유명한 연설을 한다. 이 연설의 말미에 이런 대목이 나온다.

"오랜 전 에베레스트에서 사망한 영국의 위대한 등반가인 조지 말로리에게 왜 그렇게 높은 산에 오르려 하느냐고 물었더니 '산이 거기에 있기 때문'이라고 말했습니다."

그의 연설은 이렇게 이어진다.

"자, 우주가 저기에 있습니다. 그래서 우리는 그곳으로 가려고 합니다."

목표가 있기 때문에 그것을 이루려 하는 것을 너무나 당연한 것으로 생각하는 사람들이 많다. 가야 할 곳이 있고 가야 할 이유가 있다면 그곳엘 가야 한다. 목표를 정하고 그 정해진 목표를 향해서 전진하는 것은 매우 중요하다. 그러나 목표가 정해졌다고 해서 무작정 달려 나가는 것만이 능사는 아니다. 은퇴생활은 우리가 생각했던 것보다 훨씬 중요하고 큰 문제로 우리에게 주어졌다. 마치 에베레스트가 이미 존재하고 있었지만 그 존재의 실체를 분명하게 인지하지 못해 다른 곳을 가장 높은 산으로 알고 있었던 것처럼 우리의 은퇴목표에 대해서도 그 실체를 정확히 몰라 다른 그 무엇을 더 중요한 것으로 인식하기 쉽다. 이제 그 목표를 분명히 알았다면 이 목표를 정복하기 위한 구체적이고 세부적인 전략이 필요하다. 은퇴목표는 그런 관점에서 우리에게 도전하라고 한다. 우리는 은퇴라는 인생의 가장 높은 새로운 목표를 찾았기 때문에 이제 그 목표는 달성되어야만 한다. 왜? "은퇴가 거기에 있으므로!"

당신의 낙하산은 무슨 색깔입니까?

그렇게 에베레스트가 거기 있기 때문에 그 곳을 정복하려 했던 조지 말로리는 1924년 3차 원정에서 정상 정복을 위해 그의 동료 어빙과 함께 8,220m지점의 최종 캠프를 출발한 이후 74년 동안 사람들 앞에 나타나지 않았다. 물론 정상을 정복했는지의 여부도 알 수 없었다. 그러나 1999년 에베레스트 정상 근처에서 그의 시신이 발견되면서 사람들은 조지 말로리가 에베레스트 최초 등정자가 아닐까 궁금했다. 그가 지참했던 카메라의 필름을 현상했지만 너무 오랜 시간이 지난 관계로 결국 조지 말로리의 정상 정복은 입증되지 못했고 1953년 세르파 텐징과 함께 정상을 정복했던 힐러리가 에베레스트 최초 등정자로 기록되었다. 우리나라 사람으로는 1977년 고상돈이 최초로 에베레스트 등정에 성공함으로써 우리나라는 세계에서 8번째로 에베레스트를 정복한 나라가 되었다. 고상돈은 그 후 1979년 북미 최고봉인 메킨리 봉을 등정하고 하산하는 도중 실족하여 사망하였다.

우리나라 여성 산악인 고미영은 2007년 에베레스트 등정 이후, 히말라야 8,000m 이상 봉우리 14좌 등정에 도전하다 2009년 11번째 낭가파르바트를 등정하고 하산 도중 실족하여 사망하였다.

고미영과 함께 히말라야 14좌 등정에 도전 중인 우리나라 여성 산악인 오은선이 킬리만자로를 등정하러 가며 환송식에서 이런 말을 했다고 한다. "이번 도전의 최종 목표지점은 킬리만자로의 정상이 아니고 정상을 밟고 무사히 귀환해서 환영식이 벌어질 바로 이 음식점"이라고 말이다.

우리가 우리의 삶에서 가장 많이 간과하고 있는 것이 바로 이 목표에 대한 개념들이다. 첫째는 목표를 인지하지 못한다. 앤드류 워가 그 높이를 정확히 측량하기 전까지 에베레스트의 존재를 몰랐던 많은 이들처럼 우리는 우리가 도전해야 할 각자의 삶에 있어서의 목표가 어디에 있고 또 그게 무엇인지를 제대로 인지하지 못한다.

두 번째는 설혹 그 목표를 인지했다 할지라도 그것에 도전하여 정복하려는 용기를 내지 못한다. 실제 은퇴를 앞둔 사람들이나 은퇴생활을 하고 있는 사람들을 만나보면 대부분이 너무 소극적이다. 무언가에 도전을 해보라고 하면 여러 가지 이유를 붙인다. 할 줄 아는 것이 없고 오라는 곳이 없고 준비한 돈도 없다고 한다. 그리고 정부와 사회를 탓하거나 가족들 탓으로 이런 문제의 원인을 돌리기도 한다.

셋째는 목표를 찾아서 도전을 한다 할지라도 정작 중요한 목표 달성 이후의 과정에 대해 생각해 보지 않는 경우가 많다. 목표에 오르는 것만 집중해서 목표를 달성하고 무사히 내려오는 것에 대해 생각해 보지 않는 것이다. 정작 멋진 등산은 4-3-3법칙을 따르는 것이라고 하는데 이는 정상을 오르는데 40%의 힘을 쓰고 하산하는데 30%, 나머지 30%의 힘은 비축해야 한다는 것이다. 그 이유는 오르는데 너무 많이 써버리면 내려오는 동안 사고가 나기 쉽고 또 내려와서 나머지 힘을 모두 소진해 버리면 다음 날의 활동에 지장을 받기 때문에 그렇다는 말이다.

우리도 은퇴라는 목표를 정확히 인지하지 못함으로 인해 정작 중요한 목표에는 아랑곳없이 엉뚱한 사전 목표에 모든 힘을 집중해 버려서 은퇴라는 진정 중요한 목표에는 아예 도전해 보지도 못하거나 설혹 도전했다 할지라도 너무 오르는 데에만 힘을 집중하는 바람에 하산에 대한 대책 없이 하루하루를 보내고 있지나 않은지 돌아볼 필요가 있다.

정상에서 하산하기 위해 펼쳐야 할 당신의 낙하산은 얼마나 튼튼하고, 어떤 멋진 색깔로 준비되었는지 생각해 보아야 한다.

내 꿈은 대통령입니다

　초등학교 어린이들에게 커서 무엇이 되고 싶으냐고 물어보면 다양한 답들이 나오지만 남자 아이들의 경우 대통령이 되고 싶다고 하는 아이가 많다. 어른들도 그것이 너무 높은 자리라서 엄두를 못 내서 그렇지, 꿈에서라도 주어진다면 해 보고 싶다라는 생각을 한번쯤은 가졌을 것이다. 그런데 대부분의 사람들은 대통령직이 현행법상으로는 5년밖에 할 수 없는 자리라는 것을 미처 생각지 못하고 마치 인생 전체의 목표인 것처럼 생각한다. 우리나라의 대통령 중 퇴임 후 사망 시까지 가장 오랜 기간을 살았던 경우는 28년이고 생존하고 있는 분 중에서는 20년 이상 생존하고 있는 경우도 있다. 그 외에 임기 중에 살해당한 경우도 있고 퇴임 후 자살을 한 경우도 있다. 총 16대에 걸쳐 9명의 대통령들이 임기를 마쳤거나 물러났는데 이들 중 퇴임 후에 나라의 어른으로서 존경을 받고 있거나 어려운 시기에 국민을 설득할 만한 역량을 갖춘 대통령이 없다는 것은 우리로서는 참 아쉬운 부분들이다. 특수한 두 경우를 제외하고 90세 전후의 수명을 살다 사망한 대통령들과 80세 전후의 생을 살고 있는 생존한 대통령들을 기준으로 이들이 인생에서 대통령으로 살았던 시기는 전체 인생에서 그리 긴 기간이 아니다. 9명의 대통령 중 16년과 12년, 그리고 8년을 재임했던 3명을 제외하고는 5년이거나 그 이하의 기간을 대통령으로 재임했다. 대통령이 되기까지의 시간을 포함해서 몽땅 대통령이라는 인생 목표를 위해 투자한 시간이라 치더라도 퇴임 후 시간들에 대해서는 우리가 생각해 볼 것들이 많다.

크게 보면 두 가지 유형으로 나눌 수 있는데 하나는 극단적으로 생을 마치거나 형을 산 경우이고 다른 하나는 세상과의 관계를 단절하고 정해진 울타리 안에 갇히거나 혹은 숨어서 생활하는 경우이다.

대통령이 된다는 것은 대단한 성취이고 가문의 영광인 엄청난 사건이지만 재임 중 혹은 퇴임 후에 본인과 가족들이 불미스러운 사건에 연루되거나 혹은 임기 중에 밝힐 수 없었던 의혹에 대해 함구하기 위해 세상과 벽을 쌓고 사는 것은 절대 바람직한 모습은 아니다.

개인적인 삶에서도 인생 90이라는 긴 기간을 두고 보면 자신이 재임 중에 무소불위의 권력을 누리다가 퇴임하면서 감옥에 갈 수밖에 없는 상황이 되거나 혹은 20~30년간을 두문불출하고 스스로가 감금되는 상황을 만드는 것은 상상조차 못했을 것이다.

이는 모두 인생의 긴 시간을 전체적인 관점에서 생각하지 않고 부분에 해당하는 중간 목표만을 염두에 둔 결과로 등반에 모든 역량을 소모하거나 집중함으로 인해 안정적인 하산과 하산 이후의 삶에 대한 준비를 하지 않았음을 뜻하는 것이다.

이러한 문제는 비단 대통령에게만 국한된 것은 아니다. 많은 고위 공무원들과 대기업의 임직원들도 역시 정도의 차이는 있겠지만 후반부 삶에 대한 깊이 있는 사고의 결여로 인해 너무나 큰 어려움을 후반기 삶에서 경험하게 된다.

인생을 사는 동안 높은 목표를 정하고 그것에 오르는데 최선을 다하고 또한 그 일을 원만히 마친 후의 자신의 삶에 대해서도 고려하는 방식으로 삶을 생각해야 한다.

오르는 것만큼 내려가는 것도 중요하다. 최초로 에베레스트를 등반한 힐러리와 텐징이 보여준 등반 성공 이후의 행적이 시사하는 바가 매우 큰데 힐러리는 에베레스트 등정 이후 수백만 달러의 기금을 모금하여 120여 차례나 네팔을 드나들며 병원과 학교를 지어주는 등 헌신적으로 박애주의를 실천하였다. 또한 왕성한 도전 정신으로 1965년까지 열 개의 히말라야 고봉을 등정하였으며 1958년에는 개조한 트랙터를 타고 남극점을 밟는 남극 원정을 성공적으로 마치기도 하였다. 또 1985년에는 세계 최초의 달 탐험 우주인 닐 암스트롱과 소형 비행기를 타고 북극점에 이르렀으며 2007년 1월에도 손자와 함께 남극을 방문하는 등 노년까지 탐험가로서의 도전을 계속하여 뉴질랜드 5달러 지폐에 초상이 실렸다. 또 텐징은 에베레스트 최초 등정 이후 다시는 에베레스트에 오르지는 않고 등산학교를 세워 후진을 양성했으며 인도와 네팔에서는 부처나 시바의 화신 반열에까지 올라 경배의 대상이 되었다. 힐러리 사후에 네팔 정부는 에베레스트 산과 가장 가까운 공항의 명칭을 텐징 힐러리 공항(Tenzing Hillary Airport)으로 바꾸어 그들을 기렸다.

높은 직위에 올랐다가 그 자리를 물러난 이후 그 공허함을 달래지 못해 세상을 비난하고 가슴 속에 한을 담아두고 복수하겠다는 일념으로 하루하루를 낭비하는 안타까운 사람들도 우리 주변에 너무 많다. 꼭 높은 자리가 아니더라도 자신의 자리에서 물러난 것이 아쉬워서 원망을 하고 있는 이들도 있다.

어떤 중화학 기업의 CEO가 들려 준 이야기이다. 그 회사가 국영기업체였던 시절에 정부 관료를 지내다 낙하산으로 입사한 선배가 있었다고 한다. 이 CEO가 입사할 당시에 인사 부장이었던 그 선배는 자신이 향후 사장까지 될 수 있을 것으로 생각하고 있었고 주변에서도 큰 문제만 없다면 그렇게 될 것이라고 생각했는데 중간에 기업이 민영화되고 시간이 지나 이 선배는 결국 사장을 해 보지 못하고 자리에서 물러나고 말았다. 20여 년이 지나 당시 신입사원이었던 자신이 CEO가 되고 그 선배로부터 만나자는 연락을 받았다. 오랜만에 만난 선배는 70이 넘은 노인이 되어 있었고 이런 저런 지난 얘기 끝에 이 선배가 자신이 CEO가 되지 못한 이유를 물어보더라는 것이다. 회사를 나간 지가 거의 20년이 다 되어 감에도 그 선배는 왜 자신이 사장 자리에 오르지 못했는지에 대해 궁금해 하고 있었고 그 부분에 대해 깊은 상처를 가지고 있는 것처럼 보였다고 한다. 그 질문을 듣는 순간 이 CEO는 자신의 대답이 갖는 중요성에 생각이 미쳐 갑자기 정신이 번쩍 들었다고 했다. 그 선배에게는 어찌 보면 평생 한으로 남아 있는 이 문제에 대해 어떻게 답변을 해야 될지에 대해 생각해 보니 모골이 송연해지더라는 것이다. 결국 어떤 개개인의 판단에 의해서 일어난 일이라기보다는 시대적인 상황에 따른 어쩔 수 없는 결과였다는 꽤 합리적인 답변으로 선배의 궁금증을 풀어 주긴 했지만 지금도 그 순간을 생각하면 식은땀이 난다고 했다.

많은 이들이 자신이 일하던 직장을 여러 가지 이유로 그만둔다. 평생직장이라 생각하고 자신의 온 청춘을 바쳤다고도 하고 회사 일을 집안일보다도 우선한다는 가족들의 지청구를 들어가면서까지 열심히들 일을 한다. 그러나 회사는 어느 순간 이들의 생각과는 별개로 회사의 판단과 필요에 따라 그들을 회사에서 내보낸다. 이것은 오너가 아닌 이상 누구에게나 다가올 수밖에 없는 운명적인 것이다. 이런 상황이 임박해서 그때서야 상황의 심각성을 깨닫고 어떤 행동을 취하려 하지만 회사는 냉정하게 돌아서 버리고 마치 아무도 돌보지 않는 삭막한 벌판에 내던져진 느낌을 조직원들은 갖게 된다. 이런 경험을 한 대부분의 사람들은 회사의 조치가 부당하고 자신이 왜 회사를 그만두어야 하는지 혹은 그 자리에서 내려올 수밖에 없었는지에 대해 절대 수긍하지 못하고 그런 조치를 내린 회사나 그런 메시지를 전달한 사람들을 원망하며 상황을 인정하려 하지 않는다. 놓쳐버린 고기가 커 보이는 것처럼 그동안 조직에서 누려 왔던 권력과 복리에 대한 아쉬움이 더 커지게 되어 결국 세상을 원망하고 만다. 이제부터는 조직의 보호도 없고 누구를 만나 내밀 만한 명함도 없고 당장 내일부터 아침 일찍 일어나 가야 할 곳이 없다는 생각으로 이런 조치를 취한 회사와 사람들을 더 미워하게 된다.

그러나 현명한 사람들은 적어도 자신의 운명에 대한 순응 방식을 알고 있다. 회사에서 마지막이라는 통보를 받는 날까지 자신은 절대 회사를 그만두지 않을 것이라는 맹목적인 오기로 생활하는 사람과 미리 이런 상황을 이해하고 회사 내에서 자기가 가진 것이 영원히 자기 것이 아니고 어느 시점이 되면 다시 돌려주어야 한다는 것을 인정하고 자신이 버려야 할 것들과 그 곳에서 떠난 이후 새롭게 시작할 미래를 위해 새롭게 갖추어야 할 것을 알고 준비하는 사람과는 여러 가지 면에서 차이가 있는 것이다.

산을 오르기만 할 수는 없다. 정상에 도달하면 언젠가는 다시 하산해야 한다는 자연의 섭리를 이해하고 오르는 것이 중요한 만큼 안전한 하산에 대해서도 준비해야 한다. 최초로 에베레스트에 올랐던 힐러리와 텐징도 15분밖에 정상에 머무르지 못했다고 한다. 그 산의 위치가 확인되고부터 101년이나 지나 50여 년의 도전 끝에 이루어진 정상 정복도 이렇게 짧은 시간 동안만 허용되었을 뿐이다. 두 사람은 곧 다시 하산을 할 수밖에 없었으며 그 이후로도 많은 이들이 에베레스트 정상에 올랐지만 그곳에 오래 머무를 수 있는 사람은 아무도 없었다. 다섯 차례나 에베레스트 정상을 올랐던 한 셰르파는 정상에 올랐을 때 딱 두 가지 생각만 들었다고 했다. "너무 피곤하다. 그리고 어떻게 내려가나?"라는 생각이란다. 그만큼 정상 정복은 힘들지만 아울러 하산의 어려움도 크다는 것이다. 에베레스트 정상 정복에 성공했던 많은 이들이 영웅이 되어 돌아왔지만 어떤 이들은 무사히 하산하는데 실패하여 결국 불귀의 객이 되고 말았다. 목표에 도전하는 것은 아름답고 멋진 일이다. 그러나 목표를 달성하고 난 이후의 과정들을 생각하지 않는다면 결국 그런 목표 달성의 과정은 오히려 삶에 부정적인 요소로 다가올 것이다.

지구상에서 제일 높다고 하는 에베레스트 등정도 이젠 누구나가 도전해 볼 만한 목표가 되었다. 그러나 모든 이가 마음만 먹는다고 다 오를 수 있는 것은 아니다. 어느 경로를 통해서 어떻게 오를지, 그리고 누구와 같이 오를지에 대해 철저히 준비하고 정상 정복 후의 하산 길과 그 이후의 일정까지 고려한 사람만이 도전할 자격이 있는 것이다. 그리고 더 중요한 것은 에베레스트에 오르기 위해 우리의 목숨까지 내던져도 좋다는 식의 태도는 옳지 않다는 사실이다. 정상에 올라 남이 보지 못한 새로운 세상을 보고 그러한 색다른 느낌을 일상에서 활용하고 뒤를 이어 그곳에 오르려 하는 사람이나 아예 그곳에 오를 수 없는 이들에게 정상에서 맛 본 감동을 전해주는 삶이야말로 진정으로 우리가 원하는 은퇴 후의 삶의 모습이 될 것이다.

우리의 삶도 그래야 한다. 대통령이 되는 것도 좋지만 그것으로 끝이어서는 안 된다. 에베레스트에 오르는 것도 좋지만 그곳에서 무사히 내려오지 못한다면 무슨 소용이 있을 것인가.

1마일 경주

미터법에 익숙한 우리에게 마일이라는 단위는 참 생소하다. 1마일은 얼마만큼의 거리일까?

우선 미터법과 야드파운드법의 차이에 대해 살펴보면 기준을 결정하는 방법에서 차이가 있음을 알 수 있다. 미터법은 지구의 경도를 측정하여 그 길이를 기준으로 과학적으로 산출한 반면 야드법은 과학기술이 발달하기 이전에 인체를 중심으로 하여 만든 기준이다. 야드법에서 사용되는 1인치라는 단위는 성인 엄지손가락 한 마디 길이를 말하고 1피트는 성인 남자의 발 길이로서 12인치에 해당한다. 또 1야드는 쭉 뻗은 팔의 손끝에서 얼굴의 코 중심까지 거리를 말하는데 이는 3피트에 해당한다. 또 1마일은 440야드 트랙을 4바퀴 돈 거리, 즉 1,760야드로서 미터법으로 환산하면 1,609m에 해당하는 거리이다.

미터법의 기준이 되는 미터를 정의하는 방법은 시간이 흐르면서 다음과 같이 바뀌어 왔다.

| 표 2 길이의 단위

	인치	피트	야드	마일	미터
인치	1	1/12	1/36	1/63,360	0.0254
피트	12	1	1/3	1/5,280	0.3048
야드	36	3	1	1/1,760	0.9144
마일	63,360	5,280	1,760	1	1,609.344

- 1793년: 극과 적도 사이의 거리의 1/10,000,000
- 1795년: 황동으로 된 임시 미터 원기의 길이
- 1799년: 백금으로 된 표준 미터 원기의 길이
- 1889년: 단면이 X자이며, 백금-이리듐 합금으로 된 국제 미터 원기 원형의 길이
- 1960년: 진공에서 크립톤-86 원자의 2p10과 5d5 준위 사이의 전이에 해당하는 복사 파장의 1,650,763.73배
- 1983년: 빛이 1/299,792,458초 동안 진행한 거리

미터라는 단어는 '단위'를 뜻하는 프랑스어 'mètre'가 그 기원으로 1797년 처음 영어에서의 활용이 보고되었다고 한다.

육상경기에서 100m, 400m 1,500m 등의 경주는 많이 보았으나 1마일 경주는 잘 알지 못한다. 미터법을 사용하는 국가들과 올림픽 경기에는 1마일 경주가 없기 때문이다.

1마일 경주의 세계 기록을 보면 1865년 4분 36초 05를 기록한 잉글랜드의 웹스터 이후 1884년 4분 20초의 벽이 깨지고 그 후 39년 만인 1931년에 4분 10초의 벽이 깨진다. 이후 빠른 속도로 단축되던 기록은 1945년 4분 01초 04를 기록한 이후 10년 가까이 더 이상의 단축은 되지 않고 있었다. 이에 혹자들은 1마일을 4분 벽 밑으로 달리는 것은 불가능하고 그렇게 달리게 되면 심장이 파열될 수밖에 없는 절대 기록이라고 주장했다.

그러나 1954년 5월 6일 베니스터에 의해 3분 59초 04로 드디

어 4분 벽이 깨진다. 신기록이 작성된 이후 두 달도 안 돼 세계에서 10명이 4분 벽 이내에 진입했다. 그 숫자는 1년 후엔 27명, 2년 뒤엔 300명으로 늘었다. 현재 1마일 세계기록은 1999년 모로코의 히참 엘 구에로가 세운 3분 43초로 4분에서 17초나 단축되었지만 심장이 파열된 경우는 없었다.

에베레스트 산도 1852년에 최고봉으로 알려지고 난 이후 1953년에 비로소 초등이 이루어졌으니까 그 존재가 알려지고 첫 번째 등정을 하는 데까지 101년이나 걸린 셈이었다. 1977년 우리나라에서 최초로 에베레스트를 오른 고상돈 대원은 세계에서 58번째의 등반자였는데 이는 24년간 58명이 등반을 했다는 것으로 연간 2.5명씩 그 산을 올랐다는 의미다. 더욱 놀라운 것은 2007년까지 에베레스트를 등반한 총 인원이 3,680명이라는 점이다. 심지어 한 해에 200명 이상이 등반한 해도 있었다.

육상 1마일 경주에서의 4분 벽 돌파와 에베레스트 등반은 1950년 즈음에 인간이 도전해야 할 중요한 목표였다. 그리하여 1953년 5월 29일 에베레스트가 드디어 인간에게 첫발을 허용했고 그 일 년 뒤인 1954년 5월 6일 인간은 1마일을 4분 이내에 달렸던 것이다.

오랫동안 이루어지지 못했던, 그리고 이루기가 불가능해 보였던 이 두 가지의 어려운 목표들도 결국은 정복되었고 더욱 중요한 사실은 누군가에 의해 그 벽이 깨진 이후 그전에는 불가능하다고 생각했던 많은 이들조차 이 목표를 달성하게 됨으로써 더 이상 그 목표는 불가능한 것이 아닌 것으로 판명되었다는 점이다.

많은 이들이 은퇴 후 삶에서는 목표가 없다고 생각하고 또 어떤 목표는 아예 달성이 불가능하기 때문에 목표로 생각하지 않기도 한다. 에베레스트는 항상 거기에 존재하고 있고 1마일 거리도 언제나 절대 거리로 존재하고 있다. 그것을 바라보는 사람들 중 혹자는 너무 높아서 불가능하다고 했고 누구는 심장이 터질까봐 4분보다 빨리 달릴 수는 없다고 했다. 그러나 그 사실을 믿고 싶어 하지 않는 누군가는 끊임없이 이러한 장벽을 넘기 위해 도전한다. 그리고 하나의 장벽이 무너지면 그것이 불가능할 것이라고 생각했던 많은 이들이 다시 그 목표를 향해 도전한다. 최초의 도전은 어렵고 그래서 더욱 의미가 있다. 발견되고 첫 등정에 101년이나 걸린 에베레스트나 4분벽을 넘는데 10년 가까운 시간이 걸렸던 1마일 경주가 그러하다.

100년 동안 아무도 정복하지 못했기 때문에, 또는 심장이 터질까봐 두려워 에베레스트를 바라만 보거나 4분 벽 돌파를 시도하지 않았다면 이런 것들은 여전히 달성하지 못할 불가능한 목표로 남아 있게 될 것이다.

후반부 삶에서도 불가능하다고만 하지 말고 각자의 에베레스트를 찾아 여행을 떠나보자. 이미 그 존재를 알고 있는 사람들도 있지만 아직 그 실체를 찾지 못했다면 자신과의 내면의 대화를 통해서 정말 하고 싶은 일들을 찾아보고 이를 달성하기 위한 계획을 세워야 한다. 우리의 삶에는 연습이 없고 단 한 번의 기회만

이 주어지기 때문이다.

언덕 너머인가, 정상을 향해서인가? 아니면 이륙인가, 착륙인가?

후반기 삶의 설계를 위한 많은 세미나와 강좌에서 두 종류의 그림을 보여주고 차이점을 생각해 보자고 한다. 첫 번째의 그림은 언덕 위에서 내리막길을 바라보고 있는 그림이고 또 하나의 그림은 정상을 향해 등반을 하고 있는 그림인데 정상 근처까지 가긴 했지만 아직은 정상에 도달하지 않은 상태의 그림이다. 그리고 두 그림이 어떻게 보이고 무엇을 상징하는지를 물어본다.

첫 번째 그림에 대해서는 대부분이 편안하며 안정적인 느낌이 든다고 하고 두 번째 그림에 대해서는 매우 도전적이고 동적인 느낌이라고 한다. 물론 의도적으로 만든 그림이지만 그림의 원래 목적이었던 over the hill(언덕 너머)과 climbing the summit(정상을 향해서)라는 콘셉트를 설명하고 다시 그림을 보여주면 그때서야 그 차이를 이해한다.

그리고 추가적으로 질문한다. 여러분들은 후반기 삶에 대해 어떤 콘셉트에 동의하는지를. 그러면 대부분이 두 번째의 정상을 향해서가 맞는 개념이라고 대답한다. 그리고 다시 또 질문한다. 그럼 그런 생각을 언제부터 하고 있었는지, 혹시 방금 그림 설명을 듣고 나서부터 그렇게 생각한 게 아니냐고 물어보면 대부분의 사람들은 머쓱하게 웃고 만다.

많은 이들이 인생의 최고점을 은퇴시점 전후라고 생각한다. 우리 사회가 실력보다 연공서열이 우선하고 장유유서가 우선하는 구조이다 보니 퇴직 직전의 직급이나 보수가 인생 전체에서 최고인 경우가 많다. 그런데 이런 상황에서 퇴직을 하게 되면 그 정신적인 충격이 클 수밖에 없는 여러 가지 요인들이 있다. 그 중 대표적으로 충격을 받을 수밖에 없는 것이 자신을 대하는 사람들 태도의 변화이다. 은퇴 전, 그러니까 조직의 최고 자리에 있을 때는 모든 조직원들이 자신을 향해 정렬해 있다. 가정에서도 모든 식구들이 자신을 최고로 여긴다. 그러나 퇴직을 하는 순간 이 모든 것들이 변화한다. 그동안 나를 위해서만 존재하는 것처럼 보이던 조직 내의 모든 시스템과 인력들이 순식간에 후임자를 향해 모든 코드를 새롭게 조정한다. 또 후임자 중 어떤 이는 가급적 전임자와 차별화를 시도하는 것이 자신의 존재를 입증하는 것이라고 여기면서 전임자가 했던 것과는 모든 것을 반대로 하기도 한다. 그리하여 그동안 이루어 놓았던 모든 것들을 무시되거나 바뀌어 버린다. 가정에서도 지금까지 가정의 모든 소득원이었고 중심이었던 가장으로서의 직위가 하루아침에 같이 놀아주기에도 안쓰러운 부담스러운 존재로 바뀌고 만다.

어떤 사람이 회사에서 억울하게 나오게 되었다. 처음에는 회사의 그런 처사에 분개해 하던 부인이 한 달쯤 지나도 회사에서 아무런 조치가 없고 당사자도 새로운 돌파구를 찾지 못하자 조용히 자신에게 혹시 회사에서 무슨 문제를 일으키거나 부정을 저지르지 않았는지 물어보더라는 것이다. 세상의 모든 사람들이 자신을 믿지 못하더라도 부인만은 자기편일 줄 알았는데 그런 얘기를 듣고 보니 세상에 자기편은 한 명도 없다는 생각에 너무 서운하고 화가 나더라고 했다. 결국 회사에서 인사 조치가 잘못 된 것을 알고 한 달 만에 복귀를 해서 그 회사의 최고 CEO에 오른 그 분은 당시의 절망적인 상황을 생각하면 지금도 아찔하다고 한다.

높은 자리에 있을 때 자신을 위해 보여주었던 그 많은 성원은 결국 개인을 위한 성원이었다기보다는 조직의 자리에 대한 성원이었고 가족들이 자신을 위해 보이던 호의도 어찌 보면 경제적 주 수입원에 대한 예우였다는 사실에 대해 정확히 인지할 필요가 있다. 좋을 때 같이 좋아하고 어려울 때는 더 큰 힘이 되어줄 것이라고 생각했던 동료들이나 가족들이 보이는 이러한 태도의 변화는 회사를 그만두어서 갈 곳이 없어졌다는 절망보다도 더 큰 절망감으로 은퇴자들을 힘들게 한다.

이렇게 언덕 너머라는 관점에서 은퇴를 바라보면 우리 인생에서 최고의 순간이 은퇴 직전이고 은퇴를 하는 것은 마치 높은 하늘을 날거나 아니면 높은 곳에 올랐다가 내려오는 과정으로 생각하기 쉽다.

그러나 정상을 향해서라는 관점에서 은퇴 이후의 삶을 생각해 보면 퇴직 전까지는 정말 가족과 자신의 생존을 위해 앞만 보고 달려왔지만 이제부터는 이런 울타리에서 좀 더 자유롭게 해방되어 진정으로 자신이 원하던, 꼭 이루고 싶었던 인생의 최정상 목표를 향해 새롭게 출발하는 그런 기회로 생각할 수도 있다. 인생 전반부의 목표가 가족의 안정과 재무적인 성취, 자녀들 교육이었다면 후반부의 목표는 좀 더 형이상학적인 관점에서, 너무 거창해 보일 수도 있지만 자신이 세상에 와서 이루어 놓아야 하는 소명 같은 것을 달성하는 것으로 삼는 것이 어떨까.

조찬 모임에서 만난 어떤 분이 '행복한 은퇴연구소장'이라는 내 명함을 보고는 "그래 은퇴 연구는 많이 했습니까?" 하면서 아주 도전적으로 질문을 했다. 그래서 "제가 연구하는 것은 은퇴 자체보다는 은퇴 이후의 삶을 어떻게 가치 있고 보람 있게 살 수 있는가에 대해서이고 이런 것들에 대해 궁금해 하고 그 방법을 알고 싶어 하는 분들에게 방법을 알려주고 바른 가이드가 되는 일들을 하고 있습니다"라고 했더니 그 분 대답이 "아니 은퇴하고 나면 푹 쉬면 되지 그게 뭐 연구할 것이 있습니까? 나는 은퇴하고 나면 골프 칠 친구 몇 명하고 고스톱 칠 수 있는 친구 몇 명하고 여행 다닐 수 있는 친구 몇 명을 모아서 매일 놀면서 지낼 겁니다"라는 것이었다.

나는 그 분에게 '일주일 중 닷새는 놀고 이틀은 쉬는 스케줄' 표를 짠 사람의 이야기를 들려주었다. 7일 내내 놀고 쉬는 스케줄인데 과연 이런 스케줄로 몇 년을 지낼 수 있을지 한번 생각해보라고 했다. 주변에 있던 사람들도 실제로 노는 것만으로는 그 시간들을 다 보내기 어려울 것 같다고 한마디씩을 거들었다. 결국 조찬 중간에 그 분은 먼저 자리를 뜨고 말았다.

인생 전반부에 이루어 놓은 것이 많고 적고를 떠나 후반기 삶에서는 진정으로 가치 있는 일을 해보아야 한다. 세상에 와서 자신이 왔다간 흔적은 남겨야 하지 않을까? 그것은 꼭 돈이 많아야만 가능하고 또 돈이 많은 사람들만 할 수 있는 일은 절대 아니다.

비슷한 관점에서 은퇴하는 과정을 이·착륙으로 비유하기도 한다. 인생에서 퇴직 전의 직무만을 기준하거나 사업의 운영만을 기준으로 한다면 당연히 퇴직 혹은 은퇴 이후의 인생 과정들은 먼 여행에서 돌아오는 착륙 과정으로 생각할 수 있다. 여행 이후 편안하게 인생을 정리하는 과정으로 생각하는 것이다. 그러나 인생을 좀 더 긴 안목에서 본다면 후반기 삶은 전반기 지상 여행을 마치고 진정으로 자신이 원하는 인생 목적지를 향해서 새로운 여행을 시작하기 위해 이륙하는 과정으로 생각 할 수도 있다. 이륙이라는 콘셉트는 가족을 위해, 그리고 생존을 위해 애쓰던 전반기의 삶에서 스스로의 존재가치를 증명할 수 있는 자신만의 삶으로의 여행을 시작하는 최고의 사건으로 은퇴를 바라보는 것이다.

결국 은퇴를 바라보는 바람직한 관점은 전반부 삶에서 이루지 못했던 가치 있고 의미 있는 인생 목표를 향해 활기차게 날아오르는 이륙으로 보는 것이어야 한다는 말이다.

옷걸이와 그림자

페르소나(Persona), 이는 심리학에서 자아와 관련된 문제를 설명하기 위해 융이 도입한 개념이다. 이는 자아의 편에 서서 외부 세계와 '협상하는' 의식의 일부분을 말하며 '연극의 가면'을 의미하는 라틴어에서 유래했다. 다시 말하면 페르소나는 우리가 사회인으로서 행동할 때 착용하는 가면과도 같은 것이다. 페르소나는 사회적 계층, 직업, 문화, 국적 등에 의하여 결정되는데, 우리는 상황마다 각기 다른 페르소나를 사용한다. 그러나 우리는 자신에게 유리하고 최선이라 생각되는 페르소나를 일관성 있게 채택하는 경향이 있다. 그것이 가장 편안하게 느껴지기 때문이다. 정신적인 건강과 평정은 페르소나가 얼마나 잘 채택되었는지에 달려 있다. 페르소나가 사회적 교환을 가능하게 하기 때문이다. 그런데 자아와 페르소나를 지나치게 동일시하면, 개인은 자신이 연기하는 역할에 갇혀버리는 위험에 빠진다. '완벽한 페르소나'는 일방향적이고 완고하며 외골수적인 인격을 만든다. 그러나 사람들은 그 가면을 떨어뜨렸을 때 그 뒤에 아무것도 없는 것이 드러날까봐 두려워한다.

여기 각기 다른 재질로 만들어진 두 개의 옷걸이가 있다. 하나의 옷걸이에는 비싼 옷이 걸려 있고 또 하나의 옷걸이에는 허름한 세탁물이 걸려 있다. 그런데 비싼 옷이 걸린 옷걸이가 마치 자신이 옷의 주인인 것처럼 행세하려 든다. 그런데 그 옷걸이가 폼을 잡을 수 있는 기간은 비싼 옷이 걸려 있는 동안만이다. 그 옷걸이에도 언제든 현재 입혀져 있는 비싼 옷 대신 허름한 옷이 걸릴 수도 있다. 그 옷이 옷걸이에 영원히 걸릴 용도로 만들어 진 것이 아니고 언젠가는 옷의 주인에게 넘겨질 용도라면 옷은 단지 전시를 위해 옷걸이를 빌렸을 뿐인 것이다. 우리가 인생을 살아가면서 걸치게 되는 많은 직위나 직책, 사회적인 명성 등은 모두 이런 옷걸이에 걸린 옷과 같은 것이다.

그런데 많은 이들이 자신에게 입혀진 옷이 영원히 자신의 것이라고 생각한다. 그래서 혹자는 그 옷을 입고 있는 자신의 모습이 본래의 자신이라 생각하고 그 옷을 벗기를 거부하거나 그 옷이 벗겨진 이후의 상태를 견딜 수 없어 한다.

따라서 우리는 옷걸이에 걸린 옷은 주인이 따로 있고 나에게 잠시 머물고 갈 뿐이며 언젠가 기간이 지나면 주인이 바뀔 것이라는 것을 인지하고 그 이후의 과정에 대해 미리 준비해야 한다.

지방 강연을 하기 위해 새벽 공항에 내렸을 때의 일이다. 마침 국지성 호우로 엄청난 비가 쏟아지고 있었다. 택시의 기사분이 연세가 들어 보여서 올해 연세가 어떻게 되시냐고 물었더니 일흔 다섯이라고 했다. 비가 많이 오는데 이른 아침부터 일하러 나오셨냐고 했더니 그렇지 않아도 아침에 부인이 오늘 하루는 쉬라고 말렸다는 것이다. 그런데 내일이 친구들하고 만나는 동창회 곗날인데 곗돈을 목돈에서 헐어서 낼 수는 없는 것이 아니냐면서 "내가 이렇게 일을 해서 돈을 벌 수 있는데 굳이 비 좀 온다고 집에서

쉬어서야 되겠습니까?"라고 되묻는 것이었다. 그러면서 내일 동창회에 나가면 꼭 만나서 술을 사주어야 할 친구가 있는데 그 친구는 군 장성 출신으로 퇴직 후 자기 관리가 잘못되어 패가망신하고 홀로 어렵게 지낸다고 했다. 기사분은 초등학교만 마치고 시발택시 기사부터 오십 년을 넘게 운전 일을 했는데 그 친구가 장군이었을 때는 감히 자기가 그 친구를 만날 수도 없었고 단지 자신의 친구가 장군이라는 사실만으로도 너무 자랑스럽고 뿌듯했다고 한다.

그런데 그런 친구가 퇴직 후 저렇게 어렵게 사는 것을 보니까 너무 마음이 아파서 짬만 나면 자기가 그 친구를 돌봐 준다고 했다. 사실 장군으로 예편한 70대 중반 노인이 그 모임에서 환영받기에는 장애요인이 많다. 인생의 절반 이상을 엄격한 명령 계통 속에서 지시와 복종으로 일관된 생활을 하다가 그에게 주어졌던 수많은 보호막이 걷혔을 때, 현역 시절의 엄한 표정과 지휘 습관은 오히려 사회생활에 적응하는 데 너무나 큰 장벽으로 다가온다는 것을 그도 뒤늦게 느끼게 되었을 것이다. 그래서 사실 친구 모임에서도 별로 환영받지 못하는 존재로 남겨진 것인데 그나마 택시기사인 그 분이 정성껏 대우를 해주고 있다고 했다. 그러면서 자신이 지금까지 살면서 가장 잘한 선택이 하나 있는데 그것은 몇 년 전에 지금 몰고 있는 개인택시를 처분하고 자식들에게 의지하자는 부인의 요청을 거절한 것이라고 했다. 만약 그때 사정이 어려운 딸을 위해서 택시를 팔고 하는 일 없이 자식들 눈치나

보고 지낼 것을 생각하면 너무 끔찍하다는 것이다.

이 두 사람의 이야기는 참 많은 것을 우리에게 시사한다. 젊어서 우리가 입었던, 혹은 우리에게 입혀졌던 화려한 옷들은 진정한 우리 옷이 아니었으며 인생 전반부의 화려함의 진정한 가치를 알지 못했던 이들에겐 그것은 후반부의 삶에서 도움이 되기는커녕 오히려 더 큰 어려움으로 다가 올 수 있다는 것을 말해준다. 또 전반기에는 어려웠더라도 후반기의 삶을 건강하게 사는 것이 훨씬 더 멋진 인생이라는 것도 알려준다. 두 사람 중 누가 자신의 진정한 페르소나를 알고 있었는가?

영웅과 비창

> 음악가는 은퇴하지 않는다.
> 왜냐하면 그들 자신이 더 이상 음악을 할 수 없을 때 멈추기 때문이다.
> — Louis Armstrong

인간이 만들어 낼 수 있는 가장 아름다운 소리 중의 하나인 교향곡. 교향곡을 뜻하는 '심포니'(symphony)는 '소리의 조화' 혹은 '성악 또는 기악곡 연주회'를 뜻하는 그리스어 '쉼포니아'(συμφωνία), 그리고 '조화로운'을 뜻하는 '쉼포노스'(σύμφωνος)에서 유래된 말이다.

교향곡 중 18세기 후반기의 작품을 대표하는 것은 요셉 하이든이 작곡한 것으로, 그는 36년간 최소 108개의 교향곡을 썼다고 이름에 어울릴 만큼 힘차고 늠름한 것이다. 이것에 비해 비창의 4악장은 통례의 교향곡처럼 급속하고 쾌활한 구성이 아니라 극히 온건한 속도의 탄식과 절망을 나타낸 영탄조이고 비통한 느낌이라는 것이다.

3번 교향곡 영웅에서 종전 교향곡과는 다른 일대 혁신을 가져온 베토벤은 그 이후로 5번 운명 교향곡과 9번 합창 교향곡에 이르기까지 대단한 작품들을 남긴 반면 차이코프스키는 비창을 초연한 뒤 9일 만에 세상을 뜬다.

물론 사람의 생사에 대해 어떤 가정을 한다는 것은 무리겠지만 영웅 교향곡에서 보여 주었던 그 힘찬 전개가 나머지 인생을 활기차게 주도했던 베토벤의 삶을 예언한 것은 아니었을까.

반면 초연한지 9일 만에 생을 마감한 차이코프스키의 비창은 우울하고 비감한 색채였으니, 우리는 인생을 바라보는 마음의 색조가 수명에 대한 어떤 단초가 되었을 것이라는 상상을 지워버릴 수가 없는 것이다.

그래서 교향곡의 4악장만큼 인생 4악장을 무엇으로, 어떻게 표현할까 하는 문제는 매우 중요한 것이다. '인생 교향곡'의 4악장을 우울하고 절망적인 한탄으로 채울 것인지 아니면 활기차고 정열적인 리듬으로 채울 것인지는 온전히 자신의 인생을 지휘하는 작곡가 자신만이 결정하고 표현할 수 있다. 자신의 이름이 걸린 인생 교향곡에서 교향곡 전체의 칼라가 결정되는 4악장의 표현 형식을 무엇으로 할까 하는 문제는 너무나도 중요한 것이다.

영웅으로 남은 생을 살 것인가, 아니면 비참한 최후를 맞을 것인가? 그것은 인생 후반부 4악장에서 결정된다.

회전의자

은퇴 전 고위직을 지낸 이들이 은퇴 후의 적응에 어려움을 겪는 것은 전에 누리던 것을 놓쳐버린 것에 대한 아쉬움 때문이기도 하겠지만 그러나 그보다는 지금까지의 삶에서 한 번도 누군가에게 크게 패배해 본 적이 없는 승리자의 길만을 걸어 왔다는 자신감이 더 이상 쓰일 곳이 없다는 사실에서 느끼는 상실감 때문일 것이다. 매일 누군가의 이름을 고르거나 제외시키는 인사 서류에 사인만 하던 자신이 정작 그런 명단에서 자신의 이름을 제외시킨다는 내용의 서류를 받아 든다면 그때 느낌직한 충격은 겪어 본 사람만이 알 수 있을 것이다.

대부분의 대기업의 임원이나 공직자들은 일단 좋은 학벌과 좋은 경력을 가지고 있는 경우가 많다. 학교를 졸업하기까지 성적이 좋은 학생으로서 좋은 학교 다닌다는 자부심을 가지고 지낸 것만 해도 예사롭지 않을진대 직장에서조차 탁월함을 보이게 되면 여러 가지의 신분적인 추월도 가능하게 되고 그 결과 주변의 여건도 많은 조직원들의 일사불란한 지원을 받을 수 있는 시스템으로 전환된다. 이렇게 되면 그는 어느 순간 자신을 일반인과는 다른 선택된 사람으로 인식하게 된다. 위치가 올라갈수록 조직

내에서의 권력은 커지고 마치 회사가 자신을 위해 존재하는 것처럼 착각하게 되고 회사와 자신의 관계에 대해서도 자신이 없으면 조직이 안 될 것이라는 환상에 빠지게 된다.

우리가 직장에서 갖게 되는 힘은 크게 'position power(권한)'와 'human power(인간성)' 그리고 'expert power(전문성)'가 있는데 그 중에서 개인적인 능력에 속하는 뒤의 두 가지와는 달리 직책이 주는 'position power'의 매력은 한번 빠지면 헤어나기가 쉽지 않다.

가요 중에 이런 가사의 노래가 있다. "빙글빙글 도는 의자 회전의자에 임자가 따로 있나 앉으면 주인이지… 억울하면 출세하라 출세를 하라." 이 출세가 바로 'position power'를 가장 적절하게 표현한 단어일 수 있다. 사전에서는 출세를 '사회적으로 높이 되거나 유명해지는 것' 또는 '부처나 보살이 중생을 구제하기 위하여 세상에 나옴' 등으로 표현하는데 이 두 가지가 갖는 의미가 매우 대조적이다. 이 가요에서 표현되는 출세의 의미는 물론 첫 번째 사전적 의미와 더 가깝다. 그런데 사회적으로 높이 된다는 것은 거기에 따르는 'position power'가 커진다는 의미를 내포하고 있다. 이러한 'position power'는 개인의 역량에 달린 것이 아니라 어느 누가 그 지위에 앉아도 절로 주어지는 것이다. 비슷한 의미로 '호랑이 등'이라는 말도 있는데 호랑이 등에 타보면 주변의 모든 동물들이 벌벌 떤다는 것이다. 그런데 문제는 이러한 상황을 호랑이 등에 올라탄 자신 때문이라고 생각한다는 데 있다. 그러나 일단 호랑이 등에서 내리는 순간 그러한 상황은 완전히 달라질 수 있다. 호랑이를 무서워한 것이지 그 위의 사람을 겁낸 것은 아니었다는 말이다.

사람들은 그 힘이 자신에게만 주어진 것이고 영원할 것으로 생각하기 쉽다. 호랑이 등에 타고 있는 동안 호랑이를 잘 몰면 목표하는 곳에 무사히 갈 수 있겠지만 호랑이를 제대로 다루지 못하면 원하는 곳에 도달할 수 없게 되거나 심지어는 호랑이 등에서 떨어져 물려 죽는다. 호랑이 등에 탄 사람 대부분은 자신이 올라타고 있는 호랑이가 가지고 있는 힘을 자신의 것이라 착각하고 본래의 목적에 맞게 사용하기보다는 자신의 억울함 혹은 열등감을 극복하기 위한 개인적인 보복수단으로 사용하는 어리석음을 저지르는 것이다. 그리고 그것을 출세라 착각하는 것이고.

한 개인이 속한 조직은 그 개인의 탁월함만으로 유지되지 않는다. 또 어느 순간 개인의 가치에 대한 새로운 기준을 제시하여 결국은 하루아침에 새로운 사람으로 그 자리를 채워버리기도 한다. 미리 준비하지 못하고 오랜 기간 자신이 객관적으로 소유한 것 이상의 것들에 익숙해져 있던 당사자는 결국 현실을 부정하고 그 어려움을 극복하는 데에 엄청난 어려움을 겪게 된다. 얼마 전 우리나라 최고의 기업에서 몇 억의 연봉을 받으면서 회사에서 주어진 수십억 원의 스톡옵션을 가지고 있던 임원이 투신자살한 사건은 많은 사람들로 하여금 이러한 'Position power'에 대해 생각하게 만드는 계기가 되기도 하였다. 승승장구만 하던 인생이라 다음의 직책도 지금보다 더 나은 위치로 가는 것에만 익숙해져 있던 사람은 지금보다 못한 자리로 옮겨가는 것을 상상도 하지 못하고 용납도 하지 못한다. 반면 'Position power'가 아닌 'expert power'와 'human power'가 뛰어난 사람들은 이런 상황에서도 스스로를 잘 통제할 수 있다. 이런 사람이 진정한 강자가 아닌가.

억울하면 출세를 하라가 아니라 억울하면 억울함이 없는 좋은 세상을 만들어야 하는 것이다. 그런 관점에서 진정한 출세를 '누군가를 위해 세상에 나온다'는 뜻으로 이해하면 많은 것들이 달라진다. 이때야말로 'position power'가 정말 세상을 밝게 만들 수 있는 좋은 힘으로 쓰일 수 있다. 현직에 있는 동안 좋은 인간성과 자기 분야에서의 탁월함으로 명성을 높이고 이러한 힘을 퇴직한 이후에 세상의 불공평을 해소하기 위해 사용할 수 있다면 이것이 바로 바른 출세를 하는 것이다.

나를 영원히 지켜줄 수 있을 것 같았던 현직에서의 무소불위의 권력에 의지하기보다는 자리에서 물러나 그동안의 인간적인 힘과 전문성으로 세상을 밝게 해줄 수 있는 무언가에 대해 담담하게 준비하는 것이야말로 회전의자를 빼앗긴 것에 대한 충격을 최소화하고 남은 여생을 순조롭게 살아가게 하는 힘이 되는 법이다.

RETIREMENT ECONOMICS

3장

은퇴설계 실전 전략

준비자세

01

　같은 40~50대에 속한 사람들이라 할지라도 개개인의 은퇴 시점은 얼마간 편차가 있다. 개중에는 당장 정년퇴직을 눈앞에 둔 사람들도 있을 터이고 얼마간의 시간이 남은 사람도 있을 것이다. 또 최근에는 그나마 정해진 정년이라는 것이 무색하게 조기 퇴직이나 명예 퇴직을 하게 되는 경우도 많은데 이렇게 퇴직 시점이 가변적이다 보니 퇴직 후를 대비하는 양상도 여러 가지 모습으로 나타나고 있다.

　첫째, 미리 준비하고 대처해서 성공적으로 은퇴를 맞이하는 형, 둘째 닥치는 대로 이것저것 시도하며 시행착오를 거듭하는 형, 마지막으로 이도 저도 아니고 아무런 준비도 없이 어떻게 되겠지 하며 방관만 하고 있는 형이다. 어떤 형태가 바람직한 것인지는 다른 설명 없이도 누구나 알 수 있겠지만 사실 이것을 제대로 실행에 옮기는 것은 또 다른 문제라 할 수 있다.

행복한 은퇴를 준비하기 위해서는 구체적인 은퇴 시점을 언제로 할 것이며 어디서, 누구와 무엇을 하며 지낼 것인가에 대해 꼼꼼하게 따져 보아야 한다.

미리미리 준비하고 직종에 따라 준비하라

가장 좋은 방법은 두 말할 것도 없이 일찌감치 미리 준비하는 것이다. 20~30년간의 직장 생활을 위해서 우리는 최소한 16년간의 학교생활을 한다. 그것도 모자라 여러 가지 자격을 따고 대학원과 유학까지 간다. 그런데 30~50년간의 은퇴생활을 위해서는 고민만 하고 아무런 준비를 하지 않는다. 이 긴 시간 동안의 생활에 대한 준비를 다른 사람이 해줄 것이라 기대하는가? 말할 필요도 없이 다른 사람들이 절대 해결해주지 못하는 문제이다. 철저히 자기가 준비해야 한다.

우선 자기가 좋아하고 잘하는 일이 무엇인지를 파악하고 그 일을 선택하는 것이 중요하다. 그리고 가능한 한 부부가 같이 할 수 있는 일들을 선택해야 한다. 그저 막연히 모아둔 돈만 믿고 은퇴를 맞이했다가는 100% 실패한다.

건강도 유지하고 소득도 올릴 수 있고 즐거움도 잃지 않는 가장 좋은 방법이 '일을 하는 것'이다. 일은 나이를 먹었다고, 돈이 좀 모였다고 그만두는 것이 아니다. 또 막연하게 시골에 가서 농사를 짓겠다든가 창업을 하겠다는 것도 매우 위험하다. 농사가 장난인가? 창업이 장난인가? 사실 인생의 최고 황금기에 있다는 사람들도 성공하기 어려운 것이 이런 일들 아닌가. 따라서 자신이 잘하던 것을 하거나 아니면 적어도 충분히 검토하고 준비해서 다른 새로운 일을 시작해야 한다. 이때 실패하면 다시 회복하기 힘든 상처를 받고 재기가 불가능해져서 정신적으로나 물질적으로 어려운 상황에 빠지게 된다는 사실을 명심해야 한다.

40~50대의 절대 다수를 차지하고 있고 실제 은퇴문제에 있어서도 가장 중요한 대상이 될 수 있는 사람들은 일반 직장을 다니는 샐러리맨들이다. 이들은 정년이 정해져 있긴 하지만 그 연령이 상대적으로 낮은데다 최근에는 조퇴니 명퇴니 하면서 그나마 정년이 보장되지도 않는 경우가 많다. 또 정작 퇴직을 한다고 해도 다른 일을 시작하기 위한 충분한 자금을 손에 쥐기도 어렵다. 또한 이들은 오랜 기간 급여생활에 길들여져 있어서 누군가가 고용해 주지 않으면 할 수 있는 일이 없다고 생각하는 경향이 강하다. 운이 좋아 새로운 일자리를 찾는다 해도 타인 의존도가 매우 높아서 항시 실직의 위험에 노출될 수 있을 뿐만 아니라 퇴직 전 임금수준을 보장받는 건 사실상 불가능하다. 이렇게 되면 소득의 감소도 문제이지만, 여기서 비롯되는 심리적 박탈감도 무시할 수 없는 부분이다.

따라서 이러한 문제를 극복하기 위해서 근로소득자들은 은퇴 후의 삶에 대한 관점의 변화가 필요하다. 이들은 너무나 오랫동안 누군가의 지시를 받아 주어진 일을 하고 보수를 받는 시스템에 익숙해져 있어서 퇴직 후에도 그런 일들만 찾다가 마땅한 일이 없으면 자신은 일을 계속 하고 싶은데 사회가 받아주지 않는다고 하소연만 하는 경향이 있다.

또한 이들이 말하는 일자리라는 것도 냉정하게 생각해볼 필요가 있다. 일자리는 정해져 있고 실업자는 넘쳐나는 게 어차피 현실이다. 게다가 아직 사회에 발도 들여놓지 못한 청년백수 문제는 너무나 심각하다. 물론 청년 일자리와 고령 퇴직자의 일자리가 다를 수는 있겠지만 이들이 조기 퇴직한 중요한 요인 중의 한 가지가 청년들에게 일자리를 물려주기 위함이었는데 이제는 이들 또한 일자리를 찾고 있으니 문제는 더욱 어려워지는 것이다.

은퇴를 앞둔 40~50대들이 행복한 은퇴생활을 하기 위해서 사고의 전환이 중요하다. 근로소득자들은 누군가의 지시를 받는 타인 의존적인 습관에서 벗어나 스스로 개척하는 새로운 모습의 은퇴생활을 준비해야 한다. 더 이상 나를 뽑아 달라고 말할 것이 아니라 스스로가 사장이 되고 선장이 되어 남은 인생을 헤쳐갈 수 있는 방법을 찾아보는 것이 효과적인 은퇴준비가 될 수 있다. 은퇴 이후 삶에서 나름의 경쟁력을 갖추기 위해 자격증이나 자신이 종사하고 있는 분야의 전문성을 살려 퇴직 후에도 스스로를 관리할 수 있는 방법을 찾아야 한다. 미국에서 수많은 40~50대 창업자들이 늘고 있는 현상은 이런 노력의 반영이기도 하다.

자영업자는 일정 연령에 도달하거나 금전적으로 어느 정도 준비가 되면 은퇴를 하려는 경향이 강하다. 이들은 사업을 운영하는 기간 동안에는 수입의 대부분을 사업에 재투자하고 모든 생활을 사업 중심으로 꾸려가며 사업이 잘 되면 노후 생활도 저절로 보장될 것이라고 생각한다.

그러나 사업은 사업이고 개인적인 삶은 별개의 것이다. 따라서 이들은 은퇴를 준비하는 방식과 내용에서 사업과 개인을 분리해서 관리해야 한다. 그래야만 불의의 사고로 사업이 실패하는 경우에도 자신의 생활을 지킬 수 있는 것이다. 이를 위해서는 재무적인 부분과 라이프스타일에 관한 것을 분리해서 준비할 필요가 있다.

전문직 종사자들의 경우에는 경제적인 준비만 되면 일찍 은퇴하려는 경향이 있는데 이도 잘 생각해 보고 결정해야 한다. 우선 일찍 은퇴를 하기로 했다면 무엇을 하며 지낼지를 생각해 두어야 한다. 경제적으로 준비가 되었기 때문에 있는 것을 가지고 소비만 하는 생활을 계획한다면 이는 근본적으로 다시 생각해 보아야 한다. 매일 매일을 골프나 치며 낚시와 등산으로 30~40년을 보낼 수는 없는 것이기 때문이다. 따라서 조기 은퇴를 선택한다면 자신이 가진 재능을 활용해서 봉사할 수 있는 삶에 대해서 생각을 해 볼 필요가 있다. 하지만 사실 전문직 종사자의 경우에 가장 바람직한 것은 은퇴하지 않고 영원히 현역으로 있을 수 있는 방법을 찾아보는 것일 터이다.

한번쯤 인생 굽이 예측표를 그려보라

자신의 은퇴기간이 어느 정도일까 예측할 수 있는 방법으로 인생 굽이 예측표를 활용하는 것이 매우 효과적이다. 이것은 은퇴문제 워크숍이나 강의에서 많이 활용하는 방법이기도 하다.

우선 다음 그림표를 한번 보자. 이 표의 맨 밑에는 출생이라는 칸이 있고 그 선을 위로 쭉 따라 올라가다 보면 맨 위의 점에 사망이라는 칸이 있다. 다시 말해 이 그림에 나타난 선은 각자의 인생 굽이를 나타낸 그림표이다.

먼저 이 그림의 맨 밑의 출생이라는 칸 뒤에 자신의 생년월일과 태어난 곳을 써 넣는다. 그리고 그 선의 맨 꼭대기에 자신이 살아야 할 나이와 장소를 기재한다. 그런데 이렇게 해 보라고 하면 거의 대부분의 참석자들이 멀뚱해지거나 황당한 표정을 지으면서 다시 한 번 설명을 해 달라고 한다. 처음 이 자료를 사용할 때만 해도 직설적인 표현이 부담스러워서 나름대로 가장 부드러운 표현을 쓰려다 보니 정확한 의미 전달이 잘 안 되었다. 그래서 그 뒤로는 아예 노골적으로 자신이 몇 살까지 살 것인지 즉 몇 살에 죽을 것인지 그 나이를 쓰라고 하고 그리고 어디에서 최후를 맞이하고 싶은지 장소를 쓰라고 한다. 정말 많은 이들이 이 부분의 작성할 때 많은 고민들을 한다. 그리고는 이 그림 전체를 놓고 중간이라고 생각되는 점을 한번 찍어보라고 한다. 그 다음으로는 현재 자신은 어디쯤 있는지를 체크해보라고 하고 희망하는 은퇴시

3장 은퇴설계 실전 전략

점도 한번 찍어보라고 한다.

반응은 다양하다. 현재 자신이 있는 지점을 중간보다 위라고 하는 사람도 있고 아래라고 하는 사람도 있다. 위라고 하는 사람들은 자신의 인생에서 절반 이상을 살았다고 생각하는 것이고 아래라는 사람들은 아직 인생의 반도 살지 않았다고 생각하는 사람이다.

그리고 맨 위의 숫자가 얼마인지를 60부터 10년 단위로 물어본다. 그런데 지금까지 수많은 강연을 통해서 점검한 바에 따르면 이 숫자를 가장 낮게 쓴 사람이 59세였다. 그 사람에게 왜 그런 숫자를 썼냐고 물어보았더니 자기는 굵고 짧게 인생을 살고 싶어서라고 했다. 그러나 대부분의 참석자들은 70에서 80사이의 나이를 많이 생각하고 있고 일부의 사람들은 100세 이상을 기대하기도 한다.

그 다음으로 지금부터 은퇴까지의 기간과 은퇴 후의 생활 기간을 비교해 보라고 한다. 은퇴까지의 기간이 더 긴 경우에는 지금부터 은퇴까지가 많이 남았다는 뜻이고 은퇴생활 기간이 더 길다는 것은 은퇴준비를 위해서 주어진 기간이 너무 짧다는 것이다. 그런데 여기에서 맨 위에 기재된 숫자가 이 그림에서 가장 중요한 판단기준이 될 수 있다. 이 숫자가 더 높아지면 당연히 중간 지점도 달라지고 따라서 은퇴까지 남은 기간과 은퇴생활 기간의 길이도 달라지기 때문이다.

그래서 본인들이 생각하는 수명에 대해 같이 생각해 보자고 하면서 6천억 원이 걸린 세기의 내기를 설명한다. 미국의 노화학자들이 인간의 최장 수명을 놓고 내기를 걸었는데 두 과학자가 판돈으로 신탁회사에 150달러라는 소액을 맡긴다. 그러나 150년이 흐른 뒤 내기에서 이긴 사람의 자손은 복리이자가 붙어 5억 달러의 거액을 손에 거머쥐게 된다. 아이다호 대학의 동물학자 스티븐 오스태드 교수는 2150년이 되면 150살까지 사는 사람이 나올 것이라는 데 돈을 걸었다. 시카고 대학의 전염병학자 제이 올쉔스키 교수는 그때가 되어도 130살 이상 사는 사람은 없을 것이라고 주장했다. 오스태드 교수는 "노화의 주범인 활성산소에 의한 세포의 손상을 예방할 수 있게 됨으로써 150살까지 살 수 있게 될 것"이라고 주장했다. 반면 올쉔스키 교수는 "인공장기 등으로 노화된 기관을 교체해도 여러 부작용이 생기는 것은 불가피해 수명을 획기적으로 늘리는 것은 어렵다"고 보고 있다. 그리고 이 두 개의 주장 중 어느 쪽에 배팅을 하겠냐고 물어본다. 대부분이 오래 산다 쪽에 손을 든다. 그리고 우리나라의 평균수명 추이를 갖고 예상치를 설명하면 대부분의 사람들은 자신이 얼마나 더 오래 살지에 대해서 다시 진지하게 생각해 보겠다는 반응을 보인다.

'노령'에 대해 충분히 이해하라

02

노인이라고 인식하는 나이

우리나라 노인들을 대상으로 스스로가 노인이라고 인식한 나이가 몇 살이냐고 질문했는데 70~74세 사이라고 답한 비율이 50%였다. 그러니까 전체의 절반이 70살이 넘어야 노인이라고 생각을 하고 있고 그 다음으로 65세 이상, 그 다음이 75세 이상이었다. 이것은 노인 스스로가 생각한 수치이므로 시사하는 바가 크다. 또 미국에서도 60세에 도달한 노인 5,500명을 대상으로 지금

| 표 3 스스로가 노인이라고 인식하는 나이(%)

60세 미만	60~64세	65~69세	70~74세	75~79세	80~84세	85세 이상
0.4	7.2	24.1	50	10.3	7.3	0.8

• 2008 계명대, 보건복지가족부 자료

의 60세는 과거로 치면 몇 살쯤에 해당되는지를 질문 했는데 50세에 해당한다는 답이 40%였고 40세에 해당한다는 대답도 28%나 나왔다. 노인들도 현시점의 스스로를 노인이라고 생각하지 않고 점점 젊은 노인들이 늘고 있다는 것이다.

평균수명의 연장

OECD에서 발표한 국가별 평균수명의 변동 추이를 보면 우리나라는 1960년부터 2006년까지의 46년간 남자는 평균수명이 28.7년이 늘었고 여자는 24.6년이 늘었다. 평균으로 1년에 6개월 이상씩 늘어난 수치인데 이는 같은 기간 OECD 평균 남자의 10.9년과 여자의 10.2년보다 두 배 이상 높은 수치이다. 또 우리나라가 기록한 이 수치는 30개 OECD국가 중 1위이다.

그 1위도 2위와의 격차가 거의 10년 가까이 나는 엄청난 차이의 1위이다. 이는 1960년대의 평균수명이 너무 낮았던 탓도 있겠지만 그보다는 영양상태의 호전과 건강관리 조건이 획기적으로 개선된 점에 근거를 두고 있다.

이러한 수명의 연장 요인으로 대체로 3가지 정도가 주요하게 지적되는데 상하수도 관리기술의 발전, 전력기술의 발전, 그리고 의료기술의 발전이 그것이다. 상하수도의 분리는 하수에서 발생할 수 있는 많은 수인성 전염병의 병원균을 상수도와 분리함으로써 이런 질병에 걸릴 확률을 획기적으로 낮추어 수명연장에 크게

| 표 4　OECD 국가별 평균수명 변동추이(1960~2006)

	여자			남자		
	1960	2006	차이 2006~1960	1960	2006	차이 2006~1960
일본	70.2	85.8	15.6	65.3	79.0	13.7
프랑스	73.6	84.4	10.8	67.0	77.3	10.3
스페인	72.2	84.4	12.2	67.4	77.7	10.3
스위스	74.1	84.2	10.1	68.7	79.2	10.5
이탈리아	72.3	83.8	11.5	67.2	77.9	10.7
호주	73.9	83.5	9.6	67.9	78.7	10.8
핀란드	72.5	83.1	10.6	65.5	75.9	10.4
아이슬란드	75.0	83.0	8.0	70.7	79.4	8.7
노르웨이	76.0	82.9	6.9	71.6	78.2	6.6
스웨덴	74.9	82.9	8.0	71.2	78.7	7.5
오스트리아	71.9	82.7	10.8	65.4	77.1	11.7
캐나다	74.2	82.7	8.5	68.4	78.0	9.6
독일	71.7	82.4	10.7	66.5	77.2	10.7
한국	53.7	82.4	28.7	51.1	75.7	24.6
벨기에	73.5	82.3	8.8	67.7	76.6	8.9
포르투칼	66.6	82.3	15.7	61.0	75.5	14.5
아일랜드	71.9	82.1	10.2	68.1	77.3	9.2
그리스	72.4	82.0	9.6	67.3	77.1	9.8
룩셈부르크	72.2	81.9	9.7	66.5	76.8	10.3
네덜란드	75.4	81.9	6.5	71.5	77.6	6.1
뉴질랜드	73.9	81.9	8.0	68.7	77.9	9.2
OECD	70.8	81.7	10.9	65.8	76.0	10.2
영국	73.7	81.1	7.4	67.9	77.1	9.2
덴마크	74.4	80.7	6.3	70.4	76.1	5.7
미국	73.1	80.4	7.3	66.6	75.2	8.6
체코	73.5	79.9	6.4	67.8	73.5	5.7
폴란드	70.6	79.6	9.0	64.9	70.9	6.0
슬로바키아	72.7	78.2	5.5	68.4	70.4	2.0
멕시코	59.2	78.1	18.9	55.8	73.2	17.4
헝가리	70.1	77.4	7.3	65.9	69.0	3.1
터키	50.3	74.0	23.7	46.3	69.1	22.8

• 출처: OECD Health Data 2008.

도움을 주었다는 것이고 전력기술의 발전은 난방과 전구 그리고 냉장고와 각종 의료장비의 발달을 가져와 생활환경이 개선됨으로써 수명연장에 기여했다는 것이다. 마지막으로 의료기술의 발달은 유아사망을 비롯 대부분의 질병으로 인한 사망을 획기적으로 줄여 평균수명을 늘이게 되었다는 것이다.

이러한 평균수명의 연장은 은퇴생활에 가장 큰 영향을 미치는 요소가 되었다. 은퇴를 시작하는 퇴직 연령은 조기 퇴직이나 명

| 표 5 OECD국가별 평균수명 변화표(1960년대비 2006년)

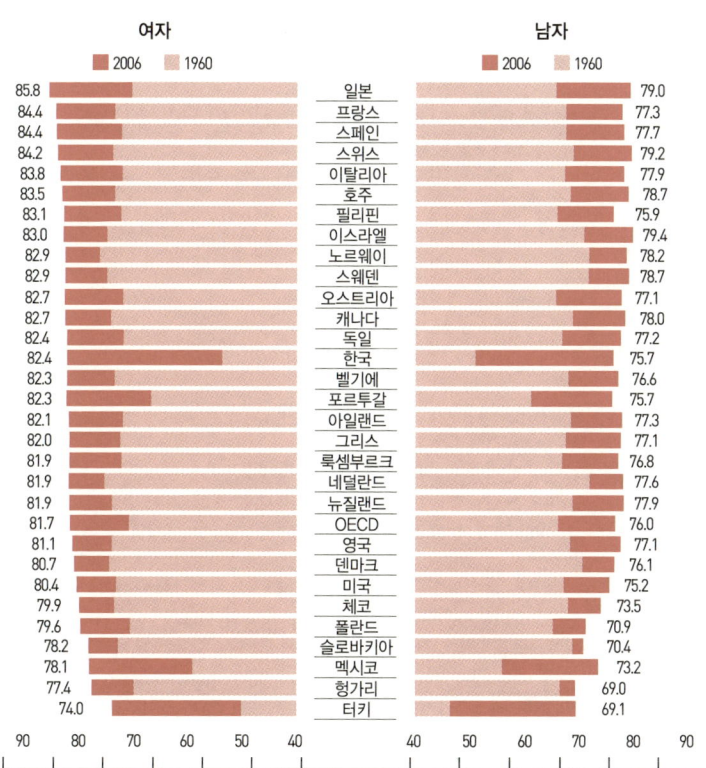

예 퇴직 등으로 앞당겨지는데 평균수명이 늘어남으로 인해 은퇴생활의 시작은 빨라지고 끝은 뒤로 밀려 전체적으로 그 기간이 늘고 있는 것이다. 그런데 은퇴를 앞둔 많은 사람들과 이야기를 나누다보면 대부분이 은퇴기간이 얼마나 될 것인가에 대해서는 깊이 생각을 하고 있지 않다. 그나마 은퇴에 대해 관심이 좀 있는 사람들조차 금융기관에서 제공하는 평균수명표에 나타난 은퇴나이를 기준으로 산출한 평균 여명 정도를 자신의 은퇴기간이라고 생각하고 있을 뿐이다.

위의 평균수명 변화표는 전체 국민을 대상으로 하거나 아니면 보험가입자를 중심으로 정리된 것으로 평균적인 수치를 사용하고 있다. 물론 이 표에 나타난 평균수명보다 일찍 죽을 수도 있고 더 오래 살 수도 있기는 하지만 이 정도의 평균치라면 매우 과학적이라고 할 수 있다.

그러나 여기에 사용된 평균치가 미래의 성장 정도를 가정하고 그 수치를 반영한 것이고 5년 단위로 새롭게 만드는 것임에도 불구하고 지금까지 예측한 가정치보다 현실에서 드러난 평균수명의 연장 속도가 더 빨랐다고 한다. 따라서 앞으로 30~40년 뒤를 예측해야 하는 현재의 우리들은 평균 여명 예측을 이런 생명표에 의지하기 보다는 자신의 가족력과 자신의 건강상태 등을 세밀하게 고려해서 개별적이고 구체적으로 해보는 것이 바람직하다.

그리고 참고로 40~50대 정도에 해당되는 연령층들이라면 특별한 건강상의 이상이 없는 한 100살까지는 살 것이라고 가정하고 은퇴생활을 준비하는 것이 현실적일 수 있다. 이는 여러 가지 의학적 변수들이 이런 가정을 실제화할 가능성이 높을 것이라는 관측에 따른 것이다.

또 여기서 추가로 고려해야 할 중요한 요소는 여자들의 노후생활 기간에 대해 생각해 보아야 한다는 점이다. 생물학적으로도 여자의 평균수명이 남자에 비해 좀 더 긴데다가 우리나라의 40~50대 부부 대부분의 경우 남자들이 2~3살 정도 나이가 많은 것이 일반적이기 때문에 결국 그 차이만큼 여자가 홀로 생활하는 기간이 더 늘어난다는 것이다. 2006년을 기준으로 우리나라 65세 남녀의 평균 여명 차이는 OECD 평균인 3.4년보다 좀 더 긴 4년 정도인데 그렇다면 여자들이 남편과의 사별 후 6~7년 더 오래 사는 셈이고 이에 대한 대비가 필요한 것이다.

독신 여성의 경우는 같은 나이의 남자보다 생물학적 평균수명 격차만큼 더 오래 사는 것에 대비해야 함은 물론이다.

그리고 평균수명이 연장되는 속도에 대해서도 생각해 볼 필요가 있다. 40~50대 연령층 중에서 신생아가 가장 많았던 해인 1960년 우리나라의 평균수명은 52세였는데 이 당시에는 60세에 치르는 환갑잔치는 장수의 기준으로 모자람이 없었고 그래서 환갑잔치는 장수를 축하하는 성대한 잔치였다. 그러나 2000년대 이후에는 환갑잔치를 하는 사람들이 거의 없다. 심지어 칠순 잔치

| 표 6 65세의 평균여명 – 2006년 기준

	여자	남자	차이
일본	23.4	18.5	4.9
프랑스	22.6	18.2	4.4
스위스	22.1	18.5	3.6
스페인	22.0	17.9	4.1
호주	21.5	18.3	3.2
이탈리아	21.5	17.5	4.0
핀란드	21.2	16.9	4.3
캐나다	21.1	17.9	3.2
노르웨이	20.9	17.7	3.2
스웨덴	20.8	17.6	3.2
오스트리아	20.6	17.2	3.4
벨기에	20.6	17.0	3.6
아이슬랜드	20.6	18.3	2.3
독일	20.5	17.2	3.3
뉴질랜드	20.5	17.8	2.7
룩셈부르크	20.3	17.0	3.3
아일랜드	20.2	16.8	3.4
포르투갈	20.2	16.6	3.4
한국	20.1	16.1	4.0
네덜란드	20.1	16.7	3.4
OECD	20.1	16.7	3.4
미국	20.0	17.2	2.8
그리스	19.6	17.4	2.2
영국	19.5	17.0	2.5
덴마크	19.2	16.2	3.0
멕시코	18.8	17.2	1.6
폴란드	18.8	14.5	4.3
체코	18.3	14.8	3.5
헝가리	17.2	13.4	3.8
슬로바키아	17.1	13.3	3.8
터키	15.1	13.1	2.0

• 자료: Society at a Glance 2009 : OECD Social Indicators..

도 잘 하지 않는다. 팔순 잔치는 그런대로 장수했다고 축하하는 분위기이다. 그런데 지금 팔순 잔치를 하는 이들은 10년 전에 자신들의 칠순 잔치도 했고 또 그 십년 전에 환갑잔치도 했다. 그런데 지금 70세가 되는 사람들은 10년 전에 환갑잔치도 못했다. 불과 십 년 차이이지만 누구는 환갑 칠순 팔순을 다 축하연을 하고 누구는 환갑잔치도 못하는 것이다. 이 사실은 우리 사회의 노령화가 얼마나 빠르게 진행되고 있는지를 단적으로 보여준다. 그래서 영양상태도 좋고 건강한 40~50대들의 대부분은 자신의 팔순 잔치가 아니라 자식의 팔순 잔치에 초대될 수도 있을 것이라는 우스갯소리까지 등장하는 것이다.

| 표 7 노령인구 구성비

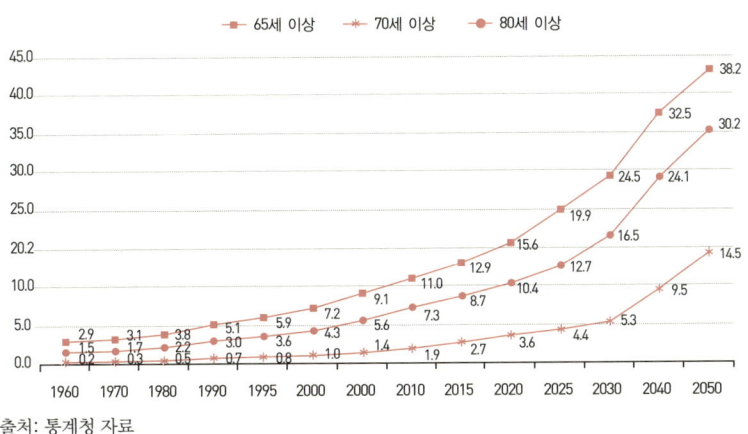

출처: 통계청 자료

3장 은퇴설계 실전 전략 139

전체 인구 중 노령인구가 차지하는 비율도 빠르게 변화할 전망이다. 65세 이상 노인들이 전체 인구에서 차지하는 비율이 2000년 7%를 넘어선 이후 2020년에는 15.6%로, 2050년이 되면 38.2%에 도달하게 될 전망이다. 전체 인구 100명 중 38명이 65세 이상인 고령화 사회가 목전에 다가와 있는 것이다.

수명연장에 따른 문제들

수명이 연장된다고 마냥 좋은 것은 아니다. 급격한 수명연장이 가져올 은퇴 이후의 생활에 있어서의 다양한 문제들을 점검해보자.

노인 자살

생의 근본적인 목적은 결국 행복에 귀결된다. 열심히 일을 하고, 출세하고, 돈을 많이 모으고 하는 많은 일들의 심리적인 동기는 결국 만족감을 통해 행복을 극대화하기 위해서라고 할 수 있다. 그러면 과연 어떻게 해야 진정으로 행복해질 수 있을까? 행복의 기준은 결코 한 가지로 규정되지 않는다. 개개인마다 천차만별, 매우 주관적인 기준이 적용된다는 사실에 주목할 필요가 있다. 결국 행복은 개인별로 차이가 크다는 것인데 모든 주변 상황이 똑같은 경우를 가정하더라도 개인이 느끼는 행복의 정도는 다를 수 있다는 것이다.

| 표 8 노인 연령대별 자살인원 현황 (2008년, 인구 10만 명 당)

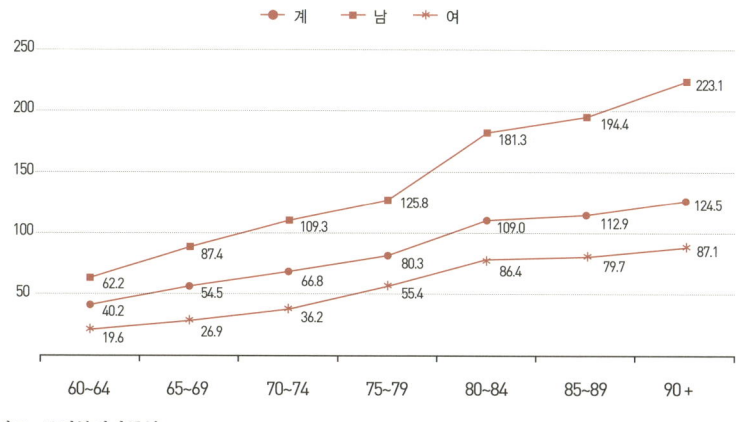

자료: 보건복지가족부

스스로 행복하다고 느끼면 그 행복을 오래 유지하고 싶어 하는 것은 당연한 일이다. 반면 자신이 불행하고 행복해질 여지가 없다고 느끼면 절망하고 스스로의 삶을 포기할 수 있다. 최근 우리나라의 노인자살 문제는 그 심각성이 매우 크다. 은퇴 후 삶을 행복하게 하기 위해서는 이러한 노인들의 높은 자살률의 원인을 분석해 봄으로써 많은 시사점을 찾을 수 있을 것이다.

우리나라 노인들의 자살과 관련된 통계를 분석해 보면 연령이 높아질수록 그 비율도 따라서 높아지고 여자보다는 남자 노인들의 자살률이 훨씬 더 높게 나타나고 있다. 위의 표는 인구 10만 명 당 노인자살 인원을 나타낸 것인데 실제로는 이보다 더 많은 숫자가 자살로 생을 마감한다고 보아야 할 것이다. 부모의 사인에 대해 자식들은 주변의 시선을 의식하지 않을 수 없고 동시에 노환에 따른 사인 불분명 등의 요소를 감안한다면 실제 사망자 수는 이보다 더 클 가능성이 높다.

　노인이 자살하는 이유에는 여러 가지가 있겠지만 대체로 자신이 평생 의미를 두고 몸담았던 일터를 떠나면서 스스로의 역할을 상실하게 된 데다 친구 및 배우자의 사망 등 충격요인들이 복합적으로 결합하고 나아가 의사소통을 할 수 있는 사회적 관계망이 축소되면서 소외감과 외로움을 견디지 못해서라고 요약할 수 있을 것이다. 은퇴자들은 대부분 과거에 자신 소유했던 유·무형의 많은 자원들의 상실과 사회적 접촉의 결여 및 지역사회 참여 부족 등을 경험하면서 사회적으로 고립되어 소속감을 잃어버리고 정체감을 상실하게 된다. 사회가 유지되기 위해서는 서로가 가지고 있는 자원의 원활한 교환을 통해 그 구성원들이 각자의 존재감과 역할을 충분히 느낄 수 있어야 하는데 자원의 상실을 겪은 노인들은 상대적으로 교환에 대한 역할의 빈약함을 뼈저리게 느낄 수밖에 없다.

　이러한 상호작용에 있어서의 역할 감소는 노인의 입지를 축소시키거나 타인에 대한 의존도를 높이게 되는데 이런 현상에 지혜롭게 대처하지 못하거나 스스로 비관적인 사고에 빠지게 되면 사회로부터 스스로를 격리시켜 노인자살로 이어질 수 있다. 또한 무기력감과 절망감에서 비롯되는 우울증과 미래에 대한 두려움이나 현실 극복에 대한 좌절감이 자살로 이어지기도 한다. 이러한 자살 원인 분석은 죽은 당사자를 통해 확인하는 것이 불가능하므로 자살충동을 겪은 노인들의 사례를 통해 다각도로 유추해 볼 수 있을 것이다.

우선 남녀별로 자살충동을 경험한 비율은 각각 7.4%와 7.7%로 여자가 조금 높게 나타났다. 경험자들이 느꼈던 자살충동은 질환이나 신체적 장애를 야기한 건강상의 문제가 있을 때 가장 빈번히 나타났고 그 다음으로 경제적 어려움과 외로움 때문인 것으로 드러났다. 자살충동을 일으킨 항목에 따른 남녀의 차이는 별로 없이 모두 비슷한 비율을 보였는데 특이하게 가정불화가 원인인 경우에는 여자가 남자보다 5% 이상의 차이를 보이며 높게 나타났다. 이로써 여자 노인들이 가정불화를 더 견디기 힘들어 하는 것을 알 수 있다.

| 표 9 노인 성별 자살충동 요인(2008)

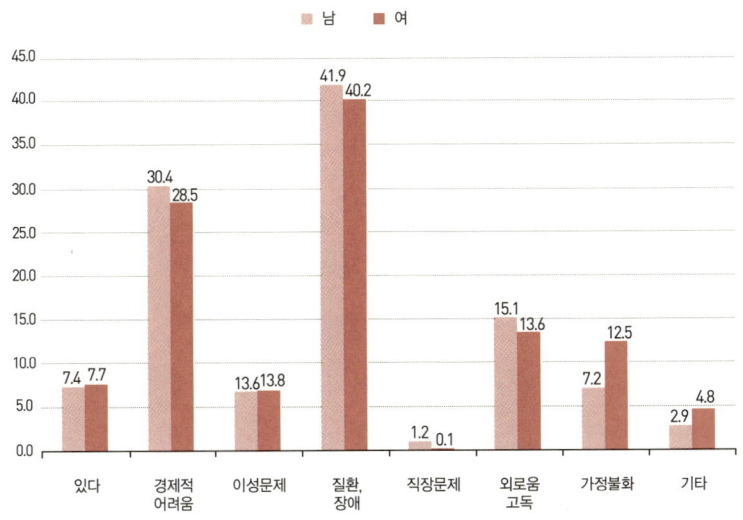

| 표 10 노인 연령대별 자살충동 요인(2008)

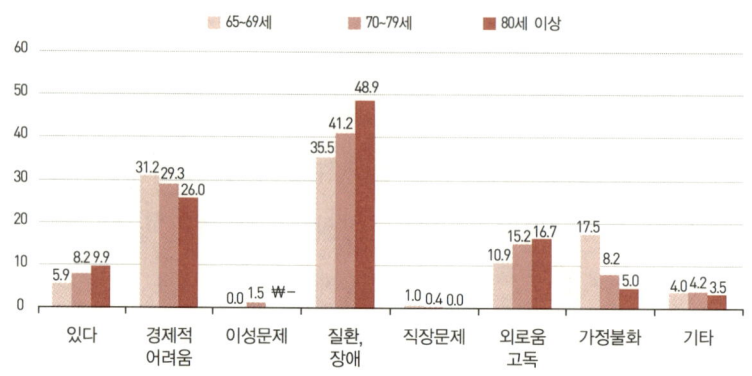

연령대별로는 65세~69세 대상자들이 5.9%이고 70대가 8.2%, 그리고 80세 이상이 9.9%로 나타나 80대 이상자들은 10명당 1명 꼴로 자살충동을 경험한 것으로 나타났다. 항목별로는 건강 문제인 경우 연령이 높을수록 그 비율도 높았고 경제적 어려움은 오히려 연령이 높을수록 낮아지고 있다. 외로움과 고독 때문이라고 하는 비율도 연령이 높아지는 것과 비례해서 증가하고 있다.

은퇴자의 생활 만족도

삶의 만족도는 삶의 질(quality of life)을 측정하는 주요 지표 가운데 하나이다. 삶의 질을 판단하는 데에는 항목별로 개량화가 가능한 물질적인 요소뿐만 아니라 개개인이 생활 속에서 개별적으로 느끼는 주관적인 인식 역시 매우 중요한 요소로 작용한다.

이런 삶의 질에 대한 주관적인 판단 지표가 삶의 만족도이다.

삶의 만족도를 충족시키는 조건들 중 물질적인 요소들은 필요조건은 될 수 있으나 충분조건은 될 수 없다. 또 이러한 필요조건들에 대해 각자가 느끼는 정도가 다를 수 있는데 이런 개별적인 만족의 정도를 만족도라 한다. 그리고 이것이 삶의 질을 평가하는 중요한 기준이 될 수 있다.

은퇴자들의 삶의 만족도에 가장 큰 영향을 미치는 것은 역시 퇴직이라는 사건이다. 사람은 누구나 퇴직을 통하여 삶의 만족도가 떨어지는 경험을 하게 된다. 퇴직자들의 생활 만족도는 은퇴자들의 삶의 만족도를 판단하는 기준으로 활용할 수 있을 것이다.

은퇴자들의 은퇴 후 생활 만족도 조사에서는 직업별로 무급 가족종사자가 가장 만족도가 높았고 자영업자와 임금근로자의 만족도가 그 다음이었다. 현재 일자리를 구하고 있는 구직자의 생활 만족도가 가장 낮았고 일시 휴직자가 그 다음으로 낮았다. 이는 일을 하고 있는 사람과 일을 하지 않는 사람의 생활 만족도가 큰 차이를 보인다는 것으로 은퇴생활에서 일을 갖는다는 것이 삶의 만족도를 높이는 중요한 요인이라는 것을 말해준다. 무급 가족종사자의 삶의 만족도가 가장 높다는 것은 경제적 소득 활동만이 만족도에 영향을 미치는 요소가 아니라는 것을 잘 말해주고 있다.

| 표 11 고용상태에 따른 삶의 만족도 수준

	평균점수	표준편차	사례수(%)
임금근로자	65.3	19.2	1,874(18.3)
자영업자	66.1	18.4	1,697(16.5)
무급가족종사자	66.3	17.3	277(2.7)
구직자	55.2	24.5	422(4.1)
은퇴자	59.3	23.3	2,027(19.8)
일시휴직자	56.6	25.3	152(1.5)
경제활동 무경험자	58.7	22.1	3,805(37.1)
전체	61.3	21.6	10,254(100.0)

출처: 고령화 패널 1차 조사자료

고용상태에 따른 삶의 만족도는 남자가 여자보다 높았고 연령이 증가할수록 낮아진다. 배우자가 있는 경우가 없는 경우보다 만족도가 높았고 학력이 높을수록 만족도가 높았는데 초졸 이하보다 대졸 이상이 16.3%나 더 높은 만족도를 보였다. 사회적 활동을 하는 사람들이 그렇지 않은 사람보다 만족도가 높았으며 은퇴 후 기간은 큰 변수가 되지 못했다. 이는 은퇴 당시의 만족도가 큰 변화 없이 유지된다는 것으로 볼 수도 있을 것이다. 만족도 점수는 매우 만족 한다는 집단에서는 평균 71.8점이고 전혀 만족하지 않는다는 집단에서는 48.6점으로 나타났다.

우리나라 은퇴자의 은퇴에 대한 만족도는 미국과 비교하여 보았을 때 매우 낮은 것으로 나타났다. 표 13에서 알 수 있듯이 우

| 표 12   은퇴자 변수별 생활 만족도 점수

		평균점수	표준편차	
성	여성	57.7	24.7	866
	남성	60.4	22.3	1,161
연령대	50대 이하	62.0	23.7	443
	60대	60.3	22.9	725
	70대 이상	56.9	23.5	859
혼인상태	유배우자	61.7	22.2	1,526
	무배우자	51.7	25.2	501
학력	초졸 이하	53.7	23.6	1,014
	중졸	59.6	23.0	299
	고졸	66.3	21.1	449
	초대졸 이상	70.0	20.1	263
사회적 활동	없음	20.1	24.9	621
	있음	60.7	21.1	495
은퇴 후 기간	5년 이하	58.9	23.7	708
	6~10년	59.9	23.0	577
	11~15년	59.4	24.1	236
	16년 이상	59.9	22.3	477
은퇴에 대한 만족도	매우 만족한다	71.8	19.2	87
	만족하는 편이다	67.1	18.9	1,058
	전혀 만족하지 않는다	48.6	24.3	882

• 출처: 고령화 패널 1차 조사자료

리나라는 '만족한다'('매우 만족한다' 포함)는 응답이 56%로, '만족하지 않는다'는 응답이 44%로 나타나 만족 쪽이 조금 더 높은 것으로 나타났다. 그러나 은퇴 후가 은퇴 전보다 더 좋다는 응답은 8%에 그친 반면, 은퇴 후가 더 나쁘다고 응답한 사람은 약 55%로 훨씬 많아지는 양상을 보였다. 우리나라의 퇴직자 2명 가운데 1

명은 은퇴 후의 상태가 은퇴 전보다 만족스럽지 못한 것으로 생각한다는 것이다. 반면 미국은 은퇴에 대하여 '매우 만족한다'는 응답만 55%였고 '만족한다'는 응답까지 포함하면 91%까지 치솟았다. 만족하지 않는다는 응답은 단지 9%로 나타나 우리나라와 큰 차이를 보였다. 또 미국의 경우는 은퇴 전보다 은퇴 후가 좋다는 응답이 46%인 반면, 은퇴 후가 더 나쁘다는 응답은 19%에 그치는 것으로 나타났다. 우리나라 은퇴자들은 은퇴 전보다 만족도가 낮은 삶을 살고 있는 반면 미국은 오히려 은퇴 후 삶에 대한 만족도가 더 높은 삶을 살고 있다는 것을 알 수 있다.

| 표 13 한국과 미국 두 나라의 은퇴자들의 생활 만족도 비교

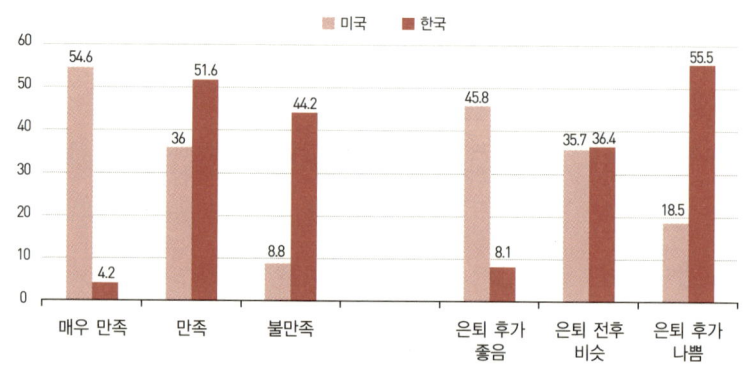

출처: 고령화 연구패널 1차 조사자료(한국), Health and Retirement and Study (미국, 2004)

노인이 겪는 어려움

빠르게 늘어나는 노인 인구에 비례해서 이들이 겪는 어려움도 커지고 있다. 2009년도 통계청의 고령자 통계에서 보면 65세 이상 노인들이 겪는 어려움 중에서 건강과 관련한 어려움이 가장 크게 나타났고 이는 연령이 증가할수록 커지고 있으며 두 번째로는 경제적 어려움과 외로움 때문에 고통스럽다고 한다. 물론 나이의 증가에 따라 어려움들도 같이 증가하고 있다.

| 표 14 연령별 노인이 겪는 어려움

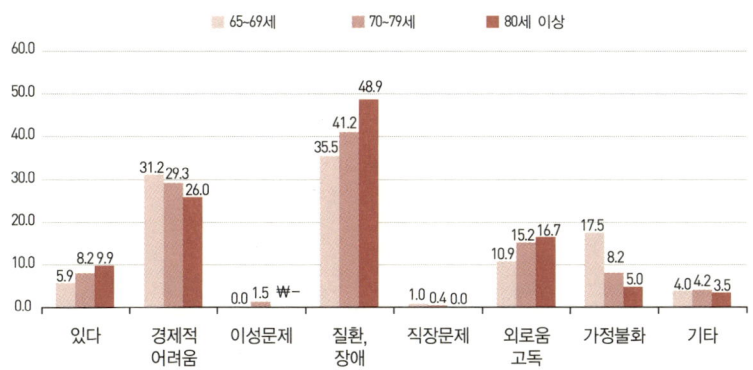

출처: 통계청 고령자 통계(2009)

누구와 살 것인가를 고려하라

03

> 오고 가는 친구들을 이해하지만, 그들을 붙잡아야 할 필요도 있다.
> 나이가 들게 되면, 당신이 젊었을 때 알던
> 사람들이 좀 더 필요하다는 것을 깨닫게 된다.
> ─ Mary Schmich

은퇴는 인간관계의 질적 변화를 불러오는 전환점

노인들은 건강과 경제적 어려움 다음으로 외로움을 호소하고 있다. 이러한 외로움은 감정적 고립과 사회적 고립으로 나눌 수 있는데 노인들의 외로움은 심리적 친근감과 연합된 일치감을 통해서 해결할 수 있다. 심리적 친근감은 가족이나 친구, 친지들과의 상호 교류를 통해 발생하는 애정, 상호 도움, 사회적 지원 등을 말한다. 연합된 일치감은 집단생활과 관련이 있고 소속된 집단의

성과에 개인이 어느 정도 기여했느냐에 따라 달라진다. 이는 사회적 성취도에 따라 사회적 자아, 영향 권력 등을 맛보게 된다는 것을 의미한다.

인간은 태어나는 순간부터 다양한 역할이 주어지고 이런 역할 속에서 비로소 자신의 존재감과 자아를 느끼며 살아간다. 이런 삶에서 노인이 되어 겪게 되는 조직과의 관계 단절과 역할 상실은 삶의 만족도를 급격히 하락시켜 우울증이나 극단적인 경우에는 자살로까지 이어지게 하는 심각한 문제이다. 이런 상황을 극복하기 위한 수단으로 노인의 다양한 사회 참여가 좋은 대안이 될 수 있다. 이런 활동은 다른 사람과의 상호교류와 관련된 일정한 규칙이나 형태를 띤 활동을 말하는데 사회적 관계 속에서 발생하는 모든 형태의 사고와 행동으로 정의할 수 있을 것이다.

사회활동이란 일반적으로 대인관계를 기반으로 하며 물질적인 생산성보다는 심리적 만족감을 얻을 수 있는 활동을 말하는데 일상생활 속에서 가족, 친척, 친구, 이웃과 같은 비공식 집단과의 접촉을 통해 이루어지는 활동뿐만 아니라 직장과 관련된 모임과 종교집회, 자원봉사 등 공식적인 활동까지를 포함한다.

사회활동에 참여하게 되면 심리적 친근감과 연합된 일치감을 느낄 수 있어 외로움을 덜 수 있다. 비공식 활동은 친근감을 제공하고 사회적 참여는 사회적 통합을 통해 외로움을 막아주거나 감소시켜준다. 세계 최고 부자 가운데 한 명이고 가장 많은 기부를 한 사람 중의 한 명인 워렌 버핏이 자신의 모교인 네브라스카 대학에서 "어떤 사람을 인생에서 성공한 사람이라고 생각하느냐"는 학생들의 질문을 받았을 때 한 대답은 노후의 인간관계에 대한 함축적 의미를 잘 드러내고 있다. 버핏은 자신의 주변에는 너무 돈이 많아 이 돈을 가지고 자신의 이름을 딴 대학을 운영하고 매일 사람들을 불러 파티를 여는 부자 노인들이 많이 있다고 하면서 "그런데 이 사람이 만든 학교에 다니는 학생이나 파티에 참석한 사람들에게 그 부자 노인을 존경하느냐고 물어보았더니 어느 누구도 그렇다고 대답하지 않았다. 반면 너무나 평범한 직업을 가지고 특별할 것도 없는 일생을 살아왔지만 그 사람 주변에는 오늘도 그 사람이 잘 되기를 기원하고 축복해주는 많은 친구를 가진 다른 노인을 알고 있는데 진정한 인생의 승리자는 바로 이 사람"이라고 말했다고 한다. 그는 또 다른 곳에서는 "나이 60, 70세에 자신을 숨겨줄 수 있는 친구를 가진 사람이 인생에서 성공한 사람"이라는 말도 했다.

은퇴 전의 생활에서도 누구와 같이 지내느냐는 매우 중요한 문제이지만 은퇴 후의 삶에서는 같이 지내는 사람들과의 관계가 은퇴 전보다 훨씬 더 중요할 수 있다. 또한 이때에는 만나는 사람들도 달라지게 되는데 은퇴 후에 어울리는 친지나 이웃은 몸담고 일하던 직장 동료들과는 성격이 다른 그룹인 것이다. 직장생활을 하는 동안 만났던 대부분의 사람들이 일을 중심으로 이루어진 일 맥이라면 은퇴 후 만나는 사람들은 이해관계보다는 인간적인 요소들이 더 중요한 혈연이거나 학연 지연 등 인맥 중심의 사람들일 가능성이 더 크다. 따라서 은퇴 후 좋은 사회생활을 유지하기 위해서는 어울려야 할 동료들이 누가 될지 미리 살펴서 사귀어두는 것이 좋다. 나이가 들수록 새로운 친구를 사귀는 것이 어렵기 때문에 클럽 활동이나 동호회 활동에 활발히 참여하면서 사람을 사귈 수 있는 좋은 기회를 적극적으로 만들어 나가야 하는 것이 바로 이런 이유 때문이다.

하버드 대학 공중보건대학의 가와치 이치로 박사의 연구에 따르면 친구와 친척이 많고 사교적인 사람이 사회적으로 고립된 사람보다 더 건강하고 장수하는 것으로 나타났다. 42~77세의 건강 관련 직업을 가진 남자 28,369명을 대상으로 10년간 연구 조사한 결과 비사교적 그룹의 평균 사망률이 사교적 그룹의 평균 사망률보다 20%나 높았다고 한다. 특히 심장 관련 질병으로 인해 사망할 확률은 비사교적 그룹이 53%나 높았으며 기타 사고사나 자살도 두 배나 많았다고 보고되었다. 또 결혼생활을 유지하는 기혼자가 독신자보다 더 오래 살았고 사고사나 자살 비율도 독신자의 절반에 불과했다. 또한 최소한 일 년에 한 번 이상 종교행사에 참여하거나 일주일에 최소 11시간 사회 활동에 참여한 사람들이 사망률도 낮았다고 한다. 이에 가와치 박사는 사회적 고립이 건강을 위협하는 위험 요인의 하나라고 지적하고 심장병을 비롯한 질병 원인의 하나로 주목받아야 한다고 결론지었다.

은퇴 전의 활동들은 대부분 공식적 활동으로 이루어진다. 그런데 이런 공식적 활동은 은퇴 전과 후가 달라질 수 있다. 은퇴 전은 주로 직장과 일로 이루어진 경제적 동기에 의한 한 공식 활동이고 은퇴 후의 활동은 경제적 이익을 추구하는 활동이기보다는 오히려 비정부조직(NGO)이나 비영리조직(NPO)을 통한 비경제적 활동일 가능성이 더 크다. 이런 사회봉사 활동이나 종교 활동 등을 통한 사회적 통합에 합류하는 것만큼 심리적 친근감을 유지시켜 주는 경우도 드물다.

은퇴생활 후반기가 될수록 육체적이고 정신적인 장애요소들로 인해 공식 조직에서의 활동보다는 비공식 조직에서의 활동 비율이 더 높아지는 경향이 있으므로 은퇴 후 삶의 만족도를 높이기 위해서는 비공식 조직과의 관계를 어떻게 유지하고 그 구성원들과의 관계를 여하히 만들어 가느냐가 매우 중요한 요소가 될 수 있다.

배우자와의 관계를 더욱 돈독히 하라

은퇴 후의 삶에서 가장 큰 영향을 미칠 수 있는 비공식 조직의 최우선 관계인은 배우자이다. 은퇴준비를 하지 못했다고 하는 사람들은 말할 것도 없고 설혹 은퇴준비를 웬만큼 했다고 하는 사람들조차도 은퇴설계에 있어서 배우자의 의견이 어느 정도 반영되었으며 두 사람의 역할과 관계가 어떻게 정리되어 있는지를 질문하면 대부분 정확한 답변을 하지 못한다.

우선 결혼생활 만족도부터 살펴보면서 이야기를 풀어가자. 결혼생활에 대한 만족도를 분석해 보면 남자보다는 여자의 만족도가 높고 연령대별로는 나이가 많아질수록 만족도가 낮아지는 경향을 보인다. 그러나 60대를 넘어가면서 그 만족도는 큰 변화를 보이지 않는다. 아이들이 한창 학령기에 해당되는 40대에서 남녀 간의 결혼생활 만족도 차이가 심하고 60대를 지나면서 그 차이는 차츰 줄어든다. 그래서 은퇴 후 삶에서 배우자의 중요도가 큰 만큼 부부간의 만족도를 높일 수 있는 방안에 대해 상의를 하는 일은 다른 어떤 은퇴준비 행동보다 중요한 사항이다.

결혼생활 기간을 50년 이상 보내야 하는 세대가 40~50대들이다. 이들은 대체로 은퇴를 전후한 시점에 결혼 25주년을 맞이하게 될 공산이 크다. 서양에서는 결혼 25주년을 은혼식이라 하여

| 표 15 연령대별 결혼생활 만족도 추이

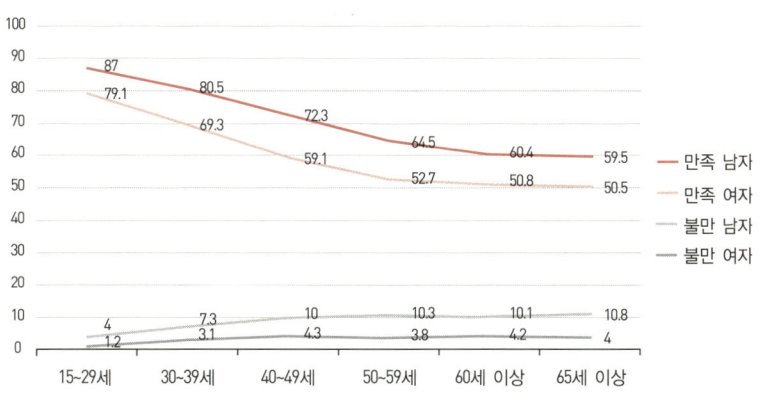

출처: 고령자 패널 1차 조사자료 (2006)

매우 중요한 기념일로 여기는데 우리나라는 아직 결혼 25주년에 대해서는 특별한 의미를 두지 않는 분위기이다. 사실 은혼식 무렵은 과거로 치면 할머니, 할아버지가 될 즈음이었다. 그러나 지금은 이 나이에 할머니, 할아버지가 되는 경우는 그리 많지 않고 신체적으로나 정신적으로도 매우 건강한 상태 일 수 있으니 오히려 이 은혼식을 전체 결혼기간을 50년으로 예상했을 때 남은 25년에 대해서 진지하게 생각하고 준비하는 계기로 활용할 필요가 있다.

부부가 같이 행복한 은퇴생활을 하는 법

은퇴설계 관련 많은 세미나나 강좌에서 은퇴 후 부부가 같이 할 무엇인가에 대해서 어떤 계획을 가지고 있는지를 물어보면 대부분의 사람들이 그 답을 못한다. 일부 손을 드는 사람들에게도 무엇을 할 것인지 물어보면 몇 가지의 여가활동이나 취미활동을 이야기하는 것이 고작이다.

은퇴생활에서 부부가 같이 활동하는 시간은 생각보다 길다. 은퇴 전에는 각자가 각자의 관계 속에서 바삐 지내느라 부부가 같이할 시간이 별로 많지 않았다. 그러나 은퇴 후에는 은퇴 전과 같은 방식의 관계가 지속되기가 힘들다. 은퇴 전 남편의 인간관계는 대부분 일 중심의 일맥으로 구성되어 있다. 그러나 가사를 돌보는 부인 입장에서는 일보다는 사람 중심의 인맥으로 관계를 만들어 왔다. 이를테면 자녀를 매개로 유치원 학부모 모임부터 초등학교, 중학교, 고등학교까지 별도의 자모회가 있었고 또 아이들과는 별도로 동네 아파트 단지 내의 부녀회나 자신의 학교 동창회 활동에도 활발하게 참여해 왔다. 퇴직과 함께 대부분의 관계가 서먹해지는 일 중심의 남편 일맥과는 그 네트워크의 차원이 다른 것이다.

반면 일맥 중심의 관계에 집중하던 남편은 은퇴하는 시점이 되면 네트워크에서 제대로 힘을 쓰지 못하고 가장 가까운 부인에게 SOS신호를 보내거나 아니면 같이 시간을 보내달라고 요청한다. 그러나 부인은 남편 말고도 스스로가 잘 지낼 수 있는 인맥들 중심의 활동들을 하고 있었기 때문에 남편이 매우 거추장스럽고 부담스러운 존재가 된다. 은퇴 전에는 주말에나 수발을 들어주던 것에서 어느 날 갑자기 의기소침해져서 세상에 대한 불평과 불만이 가득 찬 상태의 트러블 메이커를 대상으로 매일 세 끼의 식사를 챙겨주어야 하고 자신이 그동안 잘 유지해 오던 외부 활동에 제약을 받게 되면 남편의 존재가 탐탁할 리 없다.

어떤 남편들은 부인의 네트워크에 같이 끼워달라고 졸라 부인을 곤혹스럽게 만들기도 하고 아니면 자신하고만 놀아 달라고 하거나 남는 시간을 주체하지 못해 부인의 모든 일과와 가사에 대해 일일이 간섭하고 냉장고의 내용물과 빨래, 설거지 상태까지 참견하기 시작해서 도저히 견딜 수가 없다고 하소연하는 부인들도 많다.

50대의 아내들에게 꼭 필요한 4가지는 돈, 건강, 친구, 딸이고 필요 없는 한 가지가 남편인 반면 50대 남편에게 필요한 5가지는 아내, 와이프, 처, 부인, 집사람이라고 하는 우스갯소리가 있다. 그만큼 나이를 먹어갈수록 남녀의 역할과 상대를 필요로 하는 정도에도 차이가 나는 것인데 이런 갭을 매울 수 있는 가장 좋은 방법은 사전에 미리 부부가 같이 지내는 연습을 많이 해야 하고 그 방식에 대해서도 준비를 하고 있어야 한다는 점이다. "나의 최고의 은퇴설계는 이혼이다"라고 주장하는 부인들의 목소리에 귀 기울이지 않으면 남편들은 방향키를 잃어버리고 돛대도 부러진 채 바다 한가운데를 표류하는 난파선의 신세를 면치 못하게 될 것이다.

　부인들 역시도 남편의 은퇴시점에서 비로소 가능해진 어느 정도의 경제적 여유, 좋은 네트워크가 자신만의 능력으로 만들어졌다기 보다는 직간접적으로 남편의 희생 위에서 이루어졌다는 사실에 대해 생각해 보아야 한다. 남편의 은퇴 전후에는 갑자기 인맥이 끊어진 남편만 문제인 것처럼 보이지만 시간이 지나면 부인이 유지하던 모임의 대부분의 동료들도 남편들의 은퇴로 인해 마음놓고 종전처럼 활동을 진행하는 것에 대한 부담을 느끼게 되어 결속력이 약화되거나 종국에는 해체되는 과정을 거치게 된다. 시간이 지나면 부인도 결국 집으로 돌아올 수밖에 없는 것인데 그런 상황에서 마주치는 두 사람은 서로에 대한 서운함과 어색함이 겹쳐 소 닭 보듯 하는 관계로 생활하게 되고 극단적인 상황에서는 갈라서는 선택을 하게 된다.

　이런 과정을 미연에 방지하기 위해서는 서로의 갈등을 극복하는 노력이 필요한데 늙으나 젊으나 부부 갈등은 다 있게 마련이다. 사람이 살다 보면 늘 즐거운 일만 있을 수야 없는 법이다. 때로는 견디기 힘든 일을 당하기도 하고 참기 어려운 상처를 받기도 한다. 부부간이라면 이럴 때 서로 위로가 되고 힘을 합해야 된다고 생각하지만 사실 인간적 갈등은 부부간에 가장 심각하게 나타난다.

　오랜 시간을 같이 살아왔고 결혼생활에서 많은 시행착오도 거듭했기 때문에 성격도 동화되고 조화가 잘 될 것 같기도 하지만 실제 평생 동안 살면서 가장 많은 다툼을 경험하는 대상이 배우자라는 사실은 원만한 부부관계를 유지하는 것이 얼마나 힘든가를 보여주는 것이기도 하다.

　은퇴 전까지의 생활에서 계속 누적되어 온 서로에 대한 서운함의 앙금이 퇴직 또는 은퇴라는 가족 균형의 변화를 계기로 표면화되면 이 갈등의 정도는 예상보다 훨씬 심해서 결국 회복할 수 없는 상태가 되어 황혼이혼으로 치닫기도 한다. 젊은 시절 부부간의 작은 다툼은 오히려 애교로 보아줄 수 있지만 은퇴를 한 이후에 부부싸움이 잦아지고 다 큰 자녀들 앞에서 이혼을 거론하게 되면 당사자들뿐만 아니라 자녀들 입장에서도 수용하기 힘든 상황이 될 수 있다.

　세상을 사는 동안 가장 값진 가치를 갖는 것은 가족 간의 이해와 사랑이다. 그러나 실제 삶에서 사랑과 이해를 대입하기란 말처럼 쉽지 않다. 가족 간이라 할지라도 서로 다름을 인정하지 않으면 마찰과 갈등을 겪게 될 수밖에 없다. 검은 머리 파뿌리 될 때까지 사랑만으로 행복한 가정을 이룰 수 있다는 것이 환상이었다는 것은 결혼하고 얼마 되지 않아 대부분이 깨닫게 되지만 현명한 사람들은 이를 극복하기 위한 방법을 찾는 것이고 그렇지 않은 사람들은 노력을 포기하고 결혼생활에 집중하지 않는다는 차이가 있을 뿐이다. 이런 형식적인 결혼생활은 서로의 손길이 가장 필요하게 된 은퇴를 전후해서 드디어 그 한계를 적나라하게 드러내고야 마는 것이다. 이런 상황에 빠지지 않기 위해서는 부부간이라 할지라도 서로가 지키고 침범하지 말아야 할 성(城)이 있다는 것을 인정해야 한다.

우스갯소리가 가운데 부부가 잠자는 모습을 연령대별로 분류한 것이 있는데 다음과 같다.

30대 부부: 둘이 마주보고 잔다.
40대 부부: 둘이 다 천정을 보고 잔다.
50대 부부: 서로 등을 돌리고 잔다.
60대 부부: 각 방을 쓴다.
70대 부부: 어디서 자는지도 모른다.

나이를 먹을수록 서로에 대한 관심과 애정이 달라질 수 있음을 다소 과장을 섞어 재미있게 비유한 얘기인데 모두들 씁쓸한 미소가 입가에 떠오르는 것을 느꼈으리라. 은퇴를 앞두고 있거나 은퇴를 한 부부들이 하객으로 참석하는 결혼식장에서도 이런 모습들을 볼 수 있다. 부부 동반으로 참석한 대부분의 부부들이 남자들은 남자들끼리, 부인들은 부인들끼리 따로 앉아서 결혼식 진행을 지켜본다. 청춘 남녀의 백년해로를 위한 출발을 축하해 주기 위해 모인 사람들이 "우리만큼 살면 다들 이렇게 덤덤해지고 따로 지내는 것이 당연하다"고 실시간 모델로 보여주는 것 같아 참으로 아이러니하다. 하지만 이것은 또 한편으로는 실제 이들의 매일의 일상이 어떤지를 짐작하게 해주는 상징적인 모습일 수도 있다. 오랜만에 외출을 하거나 쇼핑을 가더라도 둘이 손을 잡고 가기보다는 남편은 빠른 걸음으로 앞에 가고 부인은 종종걸음으로 따라가는 모습들을 심심찮게 볼 수도 있다.

부부 워크숍 중간에 전체가 화면에 띄운 글을 함께 낭독하는 시간이 있는데 시작 신호를 하고 여러 사람들이 읽어가는 것을 듣고 있노라면 거의 대부분의 경우에 남편들이 읽는 속도와 아내들이 읽는 속도가 다르다. 남자들은 빠르게 같은 목소리 톤으로 읽어가고 여자들은 내용을 보며 천천히 감정을 넣어서 읽는다. 명색이 부부 워크숍인데 이런 문장 하나 읽는 것조차 일치시키지 못하면 어떻게 하냐고 주의를 주고 다시 읽게 해도 속도를 맞추기가 좀처럼 쉽지 않다.

많은 아내들은 남편에 대한 아쉬움으로 자기에 대한 배려의 부족을 이야기 한다. 아내를 무시하고 인정해 주지 않는다는 것이다. 반면 남편들은 그런 행동들이 일부러 그런 것은 아니니 지금까지 함께 살았으면 이제는 자신의 본심이 그렇지 않다는 것을 알 때도 되지 않았느냐고 억울해 한다. 하지만 여자들은 그것을 직접 확인하기 전까지는 절대로 믿으려 하지 않는다. 문장 하나를 읽는 데도 아내의 속도에 맞추지 못하고 평소에 감정 표현을 자주 하지 않아 남들 앞에서 그런 다정한 배려를 하는 것을 어색해 하거나 남자답지 못한 것으로 여기고 개선하려는 노력조차 포기해버리는 남편들의 태도는 부인들에게 커다란 섭섭함으로 받아들여진다. 그래서 많은 부인들은 나중에 나이 먹고 힘없을 때 두고 보자고 남편을 협박한다. 사실 이것은 매우 무시무시한 협박임에도 불구하고 대부분의 남편들은 이 경고를 무시하는 우를 또 범하곤 한다.

이런 상황을 극복하게 하는 힘은 부부간의 이해와 관용 밖에 없다. 그리고 이해와 관용에 이르는 가장 가까운 지름길은 욕심을 버리는 것이다. 나 스스로도 자신을 다스리지 못하는데 어떻게 다른 사람을 내 맘에 꼭 들도록 행동하게 만들 수 있을 것인가. 한시라도 빨리 이런 실현 불가능한 욕심을 버리고 나와는 다른 주체인 아내를 있는 그대로 인정하는 것이 바로 이해와 관용의 길이다.

그런 이해와 관용 안에서 상대방의 장점을 최대한 많이 발견하는 것이 행복한 결혼생활의 비결이다. 결혼생활 기간이 아무리

길면 뭐 하는가. 이런 이해와 관용에 근거한 사랑이 없다면 결혼생활은 애정의 무덤이 될 뿐이다.

행복이란 것은 자기만의 경험에 대한 느낌이요 감정이기 때문에 아무도 객관적으로 행복하다, 불행하다 평가할 수 없다. 행복은 절대적으로 본인의 기준에 의한 평가 영역이다. 그러나 가정에서는 혼자만의 행복이란 존재하기 힘들다. 가족이라는 울타리 안에서 공동의 행복을 이루어야 하고 특히 배우자와는 일심동체로서의 행복을 추구해야 하기 때문에 부부의 행복은 따로따로가 아닌, 같이 느끼는 행복이어야 한다.

서로를 위해주고 함께 있는 것에 익숙해지지 않으면 은퇴 후의 삶에서 행복을 기대하기란 어렵다. 따라서 은퇴 전부터 둘이 같이 지내는 것을 많이 연습하고 서로를 위해주는 것에 익숙해지며 같이 즐길 수 있는 취미나 일을 찾아 미리 준비해 둘 필요가 있다.

자녀와의 관계

은퇴 전의 자녀와의 관계

IMF 사태가 닥쳐왔던 시기에 『가시고기』라는 소설이 베스트셀러가 되었다. 가장의 헌신적인 희생과 가족 간의 갈등과 화해를 그린 내용이었다. 조기 퇴직과 명예 퇴직 등으로 수많은 가장들이 직장에서 쫓겨나고 위기의 가정들이 속출하면서 새삼 가장의 헌신적인 사랑이 많은 사회적 공감을 얻게 되어 베스트셀러가 되지 않았나 싶다.

　우리나라의 부모들은 지나치게 자식들을 위하여 모든 것을 희생한다. 특히 40~50대들의 부모 세대가 자식들에게 보여준 사랑은 무조건적인 희생이었다. 일제의 수탈에서 해방되고 6·25전쟁을 겪으면서 아무것도 남아 있지 않은 폐허 위에서 자녀의 출세를 통한 가족의 부활이라는 희망은 매일매일의 고달픔을 견디게 해주는 유일한 돌파구였기 때문에 더더욱 자식을 가르치는 일에 자신들의 모든 것을 바쳤다. 그리고 이러한 희생 뒤에는 성공한 자녀들이 자신들을 돌보아줄 것이라는 믿음도 함께 자리하고 있었다. 그러나 40~50대들이 성장하던 시절에는 대부분의 가정에 5~6명의 형제가 있었기 때문에 모든 자녀들에게 골고루 이런 혜택이 돌아가기가 쉽지 않았다. 전통적으로 딸은 시집가면 남이라는 관념과 남아선호의 습속이 여전히 남아 있었고 장남이 핏줄을 이어갈 것이며 부모가 연로해지면 모시고 사는 것이 당연시되었기 때문에 우선적으로 장남에게 많은 자원이 투자되고 동생들은 상대적인 차별을 받았다.

　그런데 이들이 성장해서 부모가 되자 여러 가지 상황들이 바뀌게 된다. 우선 당초에 성공하면 동생들을 뒷바라지하고 부모를 돌볼 것이라고 기대되었던 장남의 역할이 기대와 달라진 것인데 대가족 중심 사회에서 급속한 핵가족화가 진행된 것이 첫 번째 이유였다. 가족의 기대대로 나름의 성공을 이룬 장남은 형제나 부모보다는 자신의 자녀와 배우자에게 더 집중하게 된 것이다.

소비생활에서도 변화가 일어났다. 적절한 소비 후 저축이나 형제를 위해 배분하기 보다는 자신들의 소득에 맞는 추가적인 소비가 일반화되면서 배분의 여력이 없어졌고 오히려 부모들의 유산 분배에 대해 더 많은 관심을 갖게 된다. 장남을 제외한 형제들도 자신들이 성장하면서 받았던 상대적 차별에 대한 보상심리로 자녀교육에 대해서 모든 것을 쏟아 부어 자식을 통해 대리만족을 얻으려 했다.

교육 환경도 크게 변했는데 사교육이 만연하게 된 것이다. 40~50대들의 학창시절에도 사교육이 존재하기는 했지만 대부분의 학생들은 학교수업을 통해 능력껏 수험공부를 했고 더러는 보란 듯이 명문대에도 들어갔다. 과외는 그야말로 극히 일부가 수혜 대상일 뿐이었다. 그러나 경제적으로나 시간적으로 그때에 비해 상대적으로 풍족해진 40~50대들은 자녀의 교육을 위해 치열한 경쟁에 돌입하게 된다. 자신들은 상상도 하지 못했던 유아 시절부터 교육이 시작되어 유치원 초등학교 중고등학교를 거치면서 막대한 사교육비를 지출하게 된다. 또 그동안 잦은 교육 제도의 변화와 극심한 학벌 경쟁에 염증을 느낀 일부 부모들은 어려서부터 자녀를 외국에 유학을 보내기 시작했고 그런 자녀들의 뒷바라지를 위해 엄마도 함께 떠나게 되면서 소위 기러기 아빠니 유학 이산가족이니 하는 새로운 말들이 양산되기 시작한 것도 이때였다. 이런 변화를 고스란히 겪어낸 세대가 바로 40~50대들이다.

교육비 상승이 물가상승의 주요인이라 불릴 만큼 교육비 지출은 빠른 속도로 증가했고 그 주된 원인은 끝없는 사교육 경쟁이었다. 이렇게 되자 가장의 소득만으로는 학비가 감당되지 않아 엄마들까지 부업 전선에 나서야 하는 상황까지 나타나게 된다. 이러한 자녀들에 대한 과도한 교육비 투자는 자신들을 위해 희생한 노부모를 부양할 여력을 원천적으로 잠식해버려서 고향의 늙은 부모는 외롭고 쓸쓸한 노후를 보낼 수밖에 없게 되었을 뿐 아니라 심지어 40~50대 스스로의 노후도 무대책 상태로 남겨지게 되었다.

은퇴준비의 가장 큰 장애요인의 하나가 자녀 교육비라고 한다. 자녀를 사랑으로 돌보고 가르치는 것은 부모의 당연한 도리라 할 수 있다. 그러나 그것도 '자신들이 가진 여력의 범위 내'에서라는 단서를 생각해야 한다. 자신들의 미래를 위한 아무런 대비 없이 무작정 자녀에 대한 투자에 모든 힘을 쏟아 넣는 것은 자신과 자녀 모두를 위해서도 결코 바람직하지 않다. 대부분의 40~50대들은 학비 이외에는 부모로부터 별도의 지원 없이도 잘 성장해 오지 않았던가. 그들 중 많은 사람들은 심지어 학비까지도 자기 스스로 마련해 가며 학업을 마쳤거나 직장생활을 하면서 모자랐던 학력을 채웠다. 그러나 이들이 사회생활을 하는데 그런 점들이 큰 문제가 된 경우는 없었다.

그런데 상대적으로 부유한 집안에서 스스로의 생존력 없이 부모의 과보호 속에서 자란 많은 동년배들은 격변하는 사회에 적응하지 못해 연락이 두절되거나 과거와는 비교도 할 수 없을 만큼 초라한 모습으로 친구 모임에 나타나는 것을 보면 지금 40~50대들이 보여주는 자녀들에 대한 무한정의 투자는 정말 고려해 보아야 한다.

미국의 경우 4년제 대졸자의 60% 이상이 대학 졸업과 동시에 약 17,000달러 이상의 학자금 대출 부채를 안고 졸업을 한다고 한다. 물론 이 빚은 취직을 해서 장기간 상환해 나가는 것이다. 우리나라도 대학생 학자금 대출 제도가 만들어졌다. 과거에는 학비를 대주지 못하는 것이 무능한 부모처럼 보였겠지만 이제는 대학교 학자금은 스스로 감당해야 한다는 사고의 전환이 필요하며 나중에 이를 갚을 능력이 없다면 대학 진학을 포기하는 것도 필요하다. 우리나라의 고학력 비율은 세계 최고 수준이다. 과연 이렇게 모든 이들이 대학교에 들어가서 부모의 은퇴자금으로 써야 할 돈으로 비싼 학비를 내가며 적성에도 맞지 않는 공부를 하고 졸업해서도 청년백수로 지내는 것이 옳은 것인지 심각하게 고민해 보아야 한다. 아울러 부모들은 정작 자신은 어려운 환경에서도 나름대로 적응을 하며 잘 살아왔는데 왜 그들의 자녀는 이런 과보호를 해주어야만 경쟁력이 있다고 생각하는 것일까에 대해서도 진지하게 생각해 보아야 한다.

또한 자녀들에 대한 기대도 달라져야 한다. 자신들의 부모가 자신들에게 기대한 것에 보답하지 못하는 것 이상으로 자녀들도 기대에 보답하지 못할 것이라는 것을 미리 생각해야 한다. 아들 하나만 둔 엄마들이 결혼한 아들 부부와 벌이는 갈등은 이미 드라

마의 단골 소재가 되었다. 자신들의 성장 과정에서 갖지 못했던 것에 대한 보상심리로 시작된 자녀에 대한 무조건적인 사랑은 자녀의 이성 친구가 생기면서 갈등을 잉태한다.

그동안 사회생활에 바쁜 남편보다는 고분고분 엄마 말 잘 듣는 자녀들과의 애정놀이(?)에 빠져 있던 어느 날, 아이가 이성 친구에게 온통 정신을 팔려 있는 모습을 보게 될 때 그 당연한 일도 처음에는 쉽게 받아들이기 어렵다고들 한다. 또 아들의 여자 친구에 대해 엄마가 갖는 감정이나 딸의 남자 친구에 대해 아버지가 갖는 감정이 긍정적이기보다는 오히려 허망함이나 배신감으로 다가오기도 한다니 이것은 자녀에 대한 지나친 집착이 빚은 부작용이 아닐 수 없다. 이런 집착은 심지어 경우에 따라서는 자녀가 결혼을 한 후에도 계속되어 사위나 며느리보다 자기 자식이 무조건 우월하다고 믿은 나머지 둘 사이에 다툼이 생길 때 참고 견디며 사랑을 키워가라고 부모답게 설득하기는커녕 상대방의 약점을 빌미로 이혼을 종용하는 부모들조차 있다고 하니 이런 현실은 자녀에 대한 무작정의 집착이 보여주는 폐해의 한 단면이 아닐 수 없다. 실제로 내 주위에도 이혼한 30대의 딸과 아들을 데리고 같이 살고 있는 지인이 있다. 개개인의 삶의 방식과 가치관이 다르니 그 집에 대해 무어라 할 수 있는 입장은 아니지만 일반적인 시각에서 이런 가정이 원만하고 정상적인 가정으로 보이지는 않는 게 솔직한 심정이다.

은퇴 후의 자녀들과의 관계

자식과의 관계에서도 엄격히 따져 '자식도 남이다'라고 생각할 필요가 있다. 비록 자신이 낳은 자식이지만 그도 한 개체로서 생각과 감정이 부모와 서로 다를 수밖에 없음을 알아야 한다는 말이다. 사랑이라는 이름으로 너무 지나친 관심을 표하거나 더욱이 오로지 자기 기준에 맞추어 이래라 저래라 하는 것은 귀찮은 잔소리에 불과할 뿐이다. 자녀가 성인이 되었으면 적당한 거리를 유지하는 것이 바람직하다. 서로가 알 것은 알고 모를 것은 모른 척 해두는 것이 자녀와의 사이를 원만히 유지하는 기본이다. 과거에는 자식의 성공이 자신의 성공과 동일시되었지만 이제는 '자식의 성공은 자식의 성공일 뿐'이라고 생각해야 한다. 오히려 성공한 자식에게 흠이 될 수 있는 부모는 남보다 못한 존재로 부담스러운 짐으로 여겨질 수도 있는 세상이다. 자녀들에게 잘 해주는 부모도 좋지만 노후에 자녀들에게 짐이 되지 않는 떳떳한 부모가 되는 것이 40~50대들이 지향해야 할 노후 모습이다.

따라서 자녀들이 성장할수록 부모와 자식 간에도 개성을 인정하고 침범해서는 안 될 영역이 있음을 인정해야 한다. 보호를 받던 어린이에서 성인이 되어갈수록 이 영역은 점차 커지게 마련이다. 자식들의 모습은 지켜야 할 성터는 점점 넓혀나가고 성곽은 점점 두텁게 쌓아가는 적장의 모습을 닮았다. 늙어갈수록 자식이 어떻게 이럴 수가 있나 하고 섭섭함을 느끼는 경우가 생기게 된다. 부모니까, 또는 자식이니까라는 이유로 한없이 의지하고 기대려 하는 것이야말로 마찰의 씨앗이다.

　은퇴 후 자녀들과의 관계는 배우자 다음으로 중요한 관계라 할 수 있다. 그런 만큼 더 지혜롭게 접근해야 할 부분이기도 하다. 자녀들과 가까이 사는 것이 좋을까 아니면 멀리 떨어져 사는 것이 좋을까에 대한 재미있는 표현이 있다. "부모 자식 간은 국이 식지 않을 정도의 거리에 따로 사는 것이 좋다"라는 것이다. 사생활을 최우선으로 여기는 서양 사람들은 이것을 "거리를 둔 친밀감(intimacy at a distance)"이란 말로 표현하는데 이와 비슷한 말로 '불가근불가원' 즉, 멀지도 않고 가깝지도 않다라는 말도 있다. 어떤 연유에서인지 모르지만 실제로 가장 가까워야 할 부모와 자식 간의 관계가 서로 뜻이 맞지 않아 원수 대하듯 얼굴도 보지 않고 왕래를 끊어버린 경우도 많은 것을 보면 이런 문제를 원만하게 풀어가는 것이 그리 녹록한 문제가 아님을 시사해 준다.

　그런 관점에서 40~50대들의 행복한 노후는 자식에게서 독립하는 것부터 시작해야 한다고 말하고 싶다. 늙을수록 자식에게 연연해 하지 말고 은퇴 전에라도 가급적 빨리 독립을 시켜서 나름의 생존법칙을 알게 해주고 은퇴 후의 자신들의 삶에 대해 설계하는 것이 지혜로운 일이다. 과거와는 달리 성장하여 가정을 이룬 자식에게 도에 지나친 관심을 갖는 것은 사랑이 아니라 의지심의 표현으로 비쳐질 뿐이다.

　자식이 잘 성장하여 독립하였다면 그것으로 만족하라. 더 이상의 기대는 금물이다. 자식농사가 부모의 노후를 보장하던 시대는 지났다. 형제 간에 발생하는 갈등은 대부분 부모로부터 시작된다. 부모가 자식으로부터 독립하지 못하면 자식들 사이에 누가 부모를 어떻게 모실 것이며 부모의 재산을 누가 더 많이 가질 것인가 하는 갈등의 씨를 남겨 주는 꼴이다. 부모에게는 열 자식도 짐이 아니지만 자식들에게는 단 한 명의 부모도 짐이 될 수 있다는 현실을 받아들여야 한다. 급변하는 사회와 이에 따르는 가치관의 변화가 전통적 가족제도의 붕괴를 몰아왔고 이 시대의 노인은 준비 없이 가족 밖으로 몰려날 수도 있다. '독립된 노후'란 재무적으로도, 비재무적인 여러 요소와 자녀들로부터도 자신들만의 삶을 지켜나가는 것을 의미한다. 부모와 자식, 서로가 노력하는 모습을 보이는 것이 진정 아름답다.

기타 참고할 만한 통계 자료들

1. 누구와 사는지에 따른 소득원 분류

노인들이 누구와 사느냐에 따라 소득원을 분석해 보면 노인 혼자 사는 경우는 근로소득이 가장 높았고 다음이 자녀나 친지 그리고 본인 부담 순이었다. 노인 부부만 사는 경우는 본인과 배우자의 부담이 가장 높았으며 근로소득과 연금이 다음 순이었다. 자녀와 같이 사는 2세대의 경우는 근로소득과 본인 부담 비율이 높았고 다음으로 자녀로부터 지원이었다. 마지막으로 대가족이라 할 수 있는 3세대 이상이 같이 사는 가구는 자녀의 지원이 가장 컸고 다음이 근로소득과 본인 부담 순이었다. 즉 혼자 사는 사람은 소득원의 형태가 다양하고 세대가 구성된 가구들은 1세대가 2세대 이상 세대보다 본인 부담률은 높은 반면 자녀에 대한 의존도는 낮은 것으로 나타났다. 자녀들과 같이 사는 노인들은 스스로의 부담은 줄일 수 있으나 자녀에 대한 의존도가 높은데 실제로 향후 40~50대들은 단독 세대를 이룰 확률이 높으므로 이에 대한 대비가 필요하다고 볼 수 있다.

| 표 16 노인 가구 구성별 소득원(%)

	1인 가구	1세대 가구	2세대 가구	3세대 이상 가구
본인 및 배우자 부담	39.7	75.2	59.4	31.1
근로소득, 사업소득	48.9	56.3	60.1	53.2
재산소득	13.8	14.3	10.3	16.5
연금, 퇴직금	29	23.9	24.2	21.3
예금(적금)	8.3	5.6	5.5	8.9
자녀 또는 친척	40.2	18.4	34.4	67.3
정부 사회단체	20.1	6.2	6.1	1.6

출처: 통계청 자료(2009)

2. 결혼 형태별 소득원 분류

노인들의 결혼 형태별 소득원을 분석해 보면 독신인 경우 본인 부담과 근로소득이 소득원의 대부분을 차지했다. 배우자가 있는 경우에는 근로소득이 가장 높았고 그 다음이 본인이나 배우자의 부담으로 해결하고 있었다. 사별한 경우는 자녀들로부터 지원이 가장 많았고 다음이 근로소득과 자기 부담이었다. 안정적인 결혼 생활을 유지하는 것이 은퇴소득 확보에서도 안정적일 수 있다는 것을 알 수 있다.

| 표 17 결혼 형태별 노인 소득원(%)

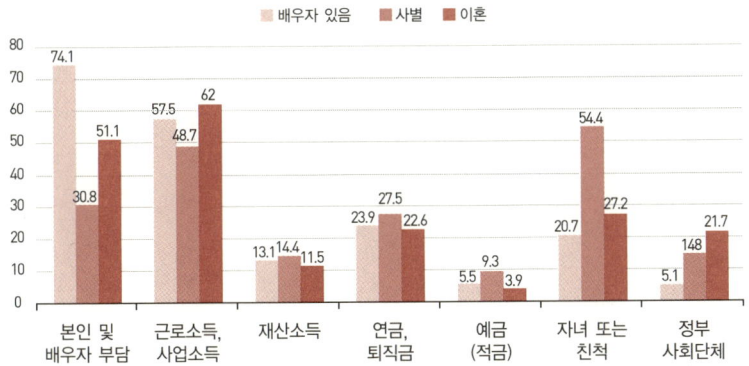

출처: 통계청 자료(2009)

3. 여가 활동에 대한 통계

은퇴생활에서 여가 활동은 매우 중요하다. 또한 여가 생활을 함께 하는 동료가 누구인가도 매우 중요하다. 일반적인 다른 활동도 그렇겠지만 특히 심신의 휴식을 통해 즐거움을 얻으려 하는 레저 활동의 경우에는 그 동반자가 누구인지에 따라 만족도가 크게 달라지기 때문에 동반자가 누구인가는 중요한 변수가 될 수밖에 없다.

우선 남자들의 경우 50대를 기준으로 분석해 보면 가족들과 같이 보낸다는 비율은 이 시점 이후 많이 감소하고 상대적으로 혼자 하는 비율이 높아지며 그 다음으로 친구와 동호회의 비율이 차지하고 있는데 이 비율은 혼자 하는 비율에 많이 미치지 못한다. 그만큼 은퇴 후 생활에서 같이 즐길 수 있는 동반자가 없다는 사실을 보여준다.

| 표 18 남자의 연령대별 여가 활동 동반자(%)

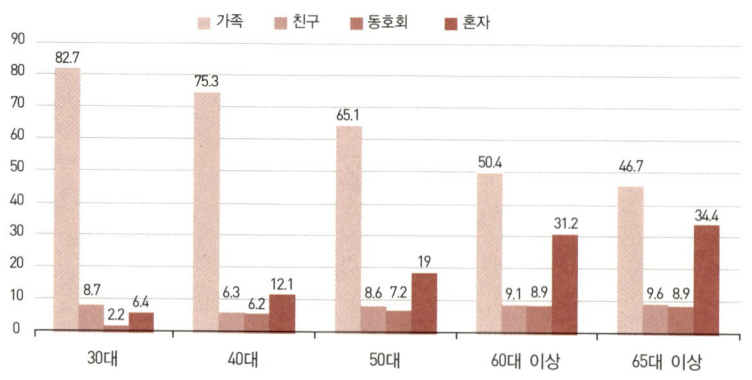

출처: 통계청 자료(2009)

여자들은 연령대별로 큰 변화 없이 가족들과 많은 여가 활동을 하고 있으며 혼자 하는 비율이 남자보다는 낮으나 연령대가 올라

갈수록 높아진다. 동시에 동호회를 통한 활동은 줄어드는 경향을 보이고 있다. 결국 남녀 모두 가족들과 많은 여가를 보내고 있고 연령이 높을수록 혼자 여가를 보내는 비율이 높아져 점차 사회적으로 더 고립되고 분리된다는 것을 알 수 있다.

| 표 19 여자의 연령대별 여가 활동 동반자(%)

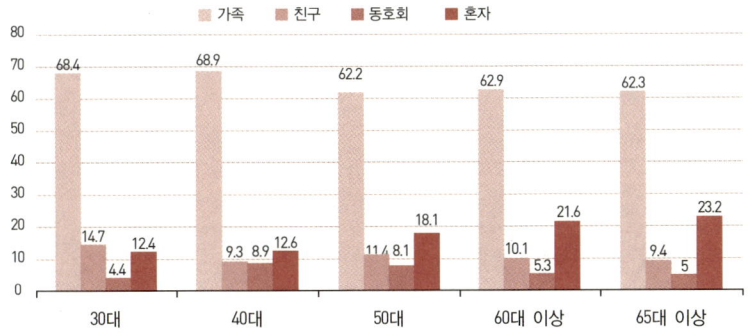

출처: 통계청 자료(2009)

여가 활동의 장애요소 중에 동료가 없어서라고 한 인원들은 남자의 경우는 60대가 50대나 65세 이상자보다 많았고 여자들은 연령이 높아질수록 그 비율이 점증하는 것으로 나타났다.

| 표 20 여가 생활 장애요소와 동료 없음

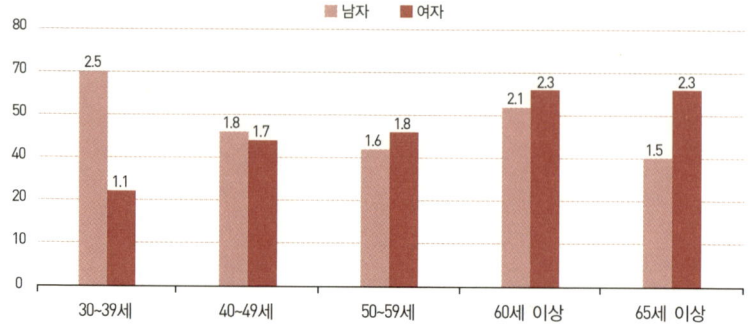

출처: 통계청 자료(2009)

4. 노인들의 이혼 문제

결혼생활에서 최악의 실패는 이혼이다. 결혼도 타인과의 만남이다 보니 서로의 기호나 성격 기타 등등이 맞지 않아 이혼을 할 수도 있다. 그러나 65세를 넘은 노인들의 황혼이혼은 많은 문제를 가지고 있다. 일본에서는 부인들이 남편의 정년퇴직을 기다렸다가 연금을 받기 시작하는 시점에 이혼을 제기하는 것이 사회문제가 되고 있는데 우리나라의 경우에도 '대학이혼', '결혼이혼', '은퇴이혼' 등의 다양한 형태의 이혼들이 진행되고 있다. 대학이혼은 막내가 대학 입학만 하면 이혼을 하겠다는 것이고 결혼이혼은 막내가 결혼만 하면, 은퇴이혼은 연금 지급이 시작되기만 하면 이혼을 하겠다는 것인데 사실 이런 이혼은 다들 여러 가지 문제를 가지고 있다. 우선 65세 이상 남자의 이혼 추이를 한번 보면 IMF 사태가 진행되던 1998년부터 매년 1,000명 이상으로 올라가기 시작해서 급격한 상승세를 보이고 있다. 아울러 75세 이상 노인들도 1997년부터 2007년 10년 사이에 무려 3배 이상으로 이혼 숫자가 늘어나고 있다.

| 표 21 남자 노인의 이혼 추이

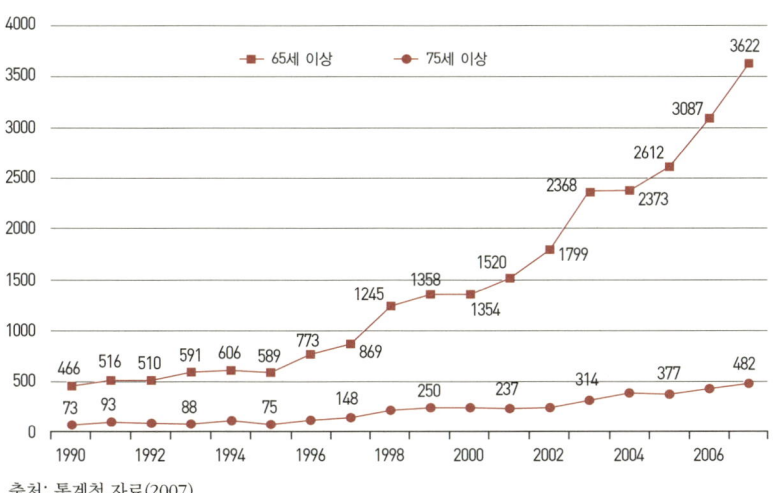

출처: 통계청 자료(2007)

여자들의 경우에도 65세 이상 연령에서 10년 사이에 이혼자가 6배 이상이 순증했고 75세 이상자에서도 비슷한 비율로 증가하고 있다. 과거 같으면 75세 이상 여자 노인들이 이혼을 한다는 것은 거의 상상도 할 수 없는 일이었다. 물론 이러한 이혼을 여자가 주도한 것인지 남자가 주도한 것인지는 정확히 분류할 수 없지만 어쨌든 그 연령대에서 이혼이 증가하고 있다는 것은 결혼생활에 대한 생각이 많이 바뀌었다는 것이고 남은 여생에서의 새로운 삶에 대한 가능성을 염두에 두고 있다고 해석할 수 있다. 이런 이혼 통계와 같이 재혼 통계를 살펴봄으로써 노인들의 결혼관에 대해 분석이 가능하다.

| 표 22 여자 노인의 이혼 추이

출처: 통계청 자료(2007)

남자 노인들의 재혼 추이를 보면 사별 후의 재혼은 2000년 기준으로 7년 사이에 1.5배 정도 늘었으나 이혼 후의 재혼은 3배 이상 늘고 있다. 이러한 남자 노인들의 재혼이 사회문제가 된 국가가 있는데 최근 브라질에서는 나이 많은 남성이 자신보다 수십 살이나 어린 여성과 재혼하는 경향이 높아져 '연금제도 붕괴 위

| 표 23 남자 노인의 재혼 추이

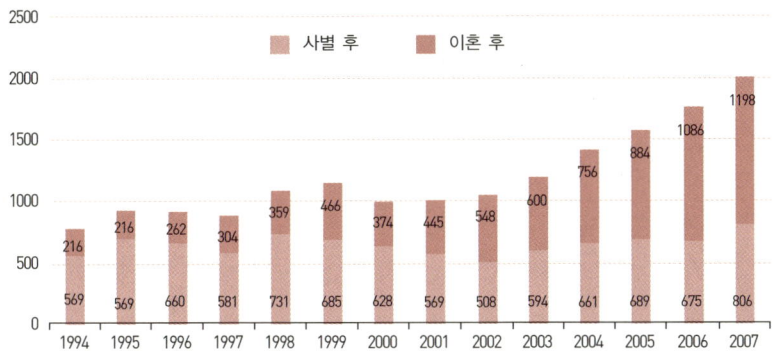

출처: 통계청 자료(2007)

기'에 봉착했다는 보고서를 발표했다.

　브라질 국립사회보험연구소(National Social Security Institute)의 보고서에 따르면 브라질에서는 60대 남성이 20~30대 젊은 여성과 결혼하는, 일명 '비아그라 효과(Viagra effect)'라 불리는 경향이 두드러지게 나타나 그 결과 대량의 '젊은 미망인'이 발생했다는 것이다. 이렇게 되자 젊은 미망인에 대한 유족 연금의 지급 기간이 연금제도가 상정해 둔 기간을 훨씬 상회하는 장기간으로 늘어나 연금이 고갈되는 부작용을 낳고 있다고 밝혔다.
　즉 브라질의 사회보장제도에서는 남편이 사망한 후 아내는 죽을 때까지 유족 연금을 받는 것으로 되어 있고 그 지급 기간을 약

15년 정도로 상정해 두었지만 수명연장과 더불어 비아그라 효과까지 덧보태져 지급 기간이 이미 35년을 돌파한 것이다.

이 보고서에 따르면 이혼 또는 아내와 사별한 남성의 2/3는 재혼을 하는 반면, 여성의 재혼율은 겨우 3명 중 1명꼴이며 재혼 남성 가운데 연하의 여성과 결혼한 비율은 50세 이상에서는 64%, 60~64세에서는 69%로 나타났다. 또한 30년 이상 차이가 나는 젊은 여성에 대한 선호도가 높다는 사실도 명확하게 드러났다고 보고서는 전하고 있다.

이번에는 여자 노인들의 재혼 추이를 분석해 보자. 2002년 이후 그 숫자가 늘고 있는데 그 내용에 있어서도 사별 후 재혼은 2000년에 비해 3배 이상, 이혼 후 재혼도 2배 이상 순증하고 있다. 지금까지 여자 노인들의 배우자 사별 후의 재혼은 그럴 수 있

| 표 24 여자 노인의 재혼 추이

출처: 통계청 자료(2007)

을 것이라고 생각해왔지만 이제는 이혼 후의 재혼도 늘고 있는 경향이다. 특히 여자 노인의 경우 65세 이상에서 이혼 후 재혼이 늘고 있다는 것은 자신들의 노후 인생에서 배우자의 필요성을 느끼고 나아가 실행에 옮길 뿐만 아니라 가족들의 이해도 커지고 있다고 볼 수 있는 것이다.

5. 연령대별 성생활 중요도에 대한 인식과 성생활 만족도

이러한 노인들의 이혼과 재혼 현상과 더불어 노후의 삶에 있어서 이성과 성(性)에 대한 문제들도 짚어볼 필요가 있다. 일반적으로 노인의 성에 대해 갖고 있는 편견들을 정리해 보면 다음과 같다.

- 노년의 성은 자연스러운 현상이 아니다.
- 성적 욕망과 관심을 표현하거나 성행위를 하는 노인은 부도덕한 사람이다.
- 노인이 되면 성적 욕구는 감소된다.
- 노화는 성기능 장애를 수반한다.
- 여성은 폐경과 더불어 성기능도 끝난다.

이는 그야말로 편견일 뿐이다. 오히려 노인의 건강상태가 양호하다면 성생활은 연령과 무관하다는 게 올바른 견해이다. 또한 부부간의 정상적인 성생활은 호르몬의 분비를 촉진시켜 노화를 방지하고 자신감을 높여주며 심폐기능을 개선하고 부부간의 친밀감을 높여줄 뿐만 아니라 스트레스를 해소와 면역기능의 상승을 촉진하는 등 순기능이 훨씬 큰 것으로 조사되었다. 즉 노인들의 성생활은 노후 생활에 있어서 무시 못 할 활력소가 된다는 것이다.

또 다른 연구조사에서는 한 달에 한 번 부부관계를 가지는 부부가 일주일에 한 번씩 부부관계를 가지는 부부만큼 행복해지려면 연봉으로 5만 달러 이상을 더 벌어야 한다고 보고하고 있는데 노후 은퇴생활에서도 성생활은 그만큼 중요하다는 의미일 것이다.

2008년도의 한 조사에 따르면 65세 이상 노인 중에서 남자들은 50%이상이 성생활이 중요하다고 했으며 그 중 85세 이상 노인들조차도 47.3%나 중요하다고 응답한 것으로 밝혀졌다. 반면 성생활이 중요하지 않다고 한 비율이 최고 연령층에서도 20%대

| 표 25 성생활 중요도

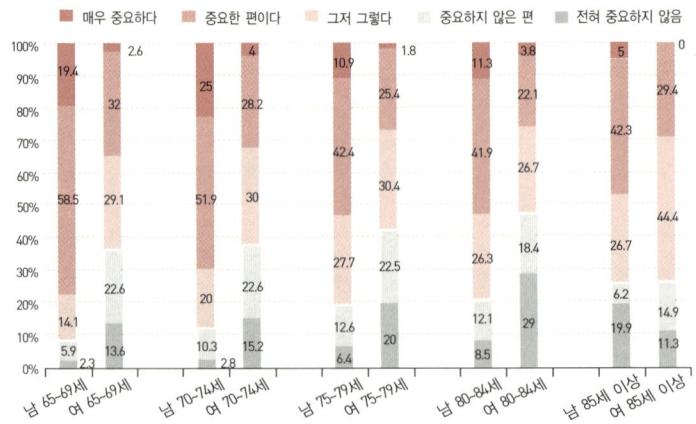

출처: 보건복지가족부, 계명대 자료(2008)

밖에 되지 않았다. 여자 노인들의 경우는 남자보다는 그 중요도를 낮게 보았으나 30%에 가까운 비율로 중요도를 인정하고 있음을 알 수 있다.

또 65세 이상 노인들의 성생활에 대한 만족도 조사에서는 남자 노인들은 65세부터 연령이 올라갈수록 만족도가 많이 떨어지는 것으로 나타났는데 그러나 이는 여자 노인의 만족도에 비해서는 높은 비율이다. 여자 노인들은 65세 이후 큰 변화는 보이지 않았지만 70대 이후에도 만족도가 30% 전후로 나타날 정도로 비중이 높은 것을 알 수 있다. 이는 젊은 계층들이 생각하는 것처럼 노인들이 성생활에 대한 중요성과 만족도를 낮게 평가하는 것은 아니라는 사실을 증명한다. 따라서 노인들에게도 적정한 수준의 성생활이 필요하다는 것을 알아야 한다.

| 표 26 노인들의 성생활 만족도

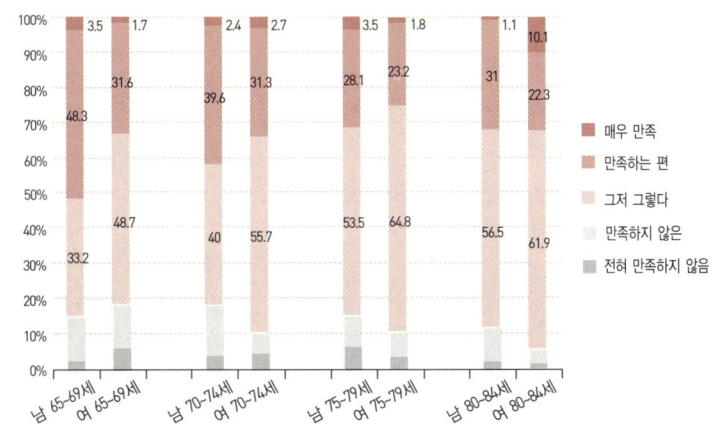

출처: 보건복지가족부, 계명대 자료(2008)

무엇을 하며 지낼 것인가?

04

> 은퇴는 잠을 자기 위한 시간이 아니고 당신 주위에 있는
> 아름다운 세상을 보기 위해 깨어 있어야 하는 시간이다.
> 당신의 마음에서 혼란의 원인이 되는 부정적인 요소들을
> 모두 버릴 때에야 마음에 기쁨이 찾아온다.
> — Howard Salzman

어떤 유형의 은퇴 라이프스타일을 선택할 것인가

은퇴의 라이프스타일은 은퇴생활에서 주어진 시간들을 소비활동 중심으로 채울 것인지 아니면 생산활동을 중심으로 채울 것인지로 구분될 수 있다.

우선 대부분의 사람들이 은퇴생활이라고 하면 소비활동 중심의 생활을 꿈꾸며 그동안 벌어 놓은 것들을 가지고 편안하게 여

생을 즐기며 사는 것을 기대한다. 이는 인생을 크게 3단계로 나누어 미래를 준비해야 하는 성장기, 가족을 위해 봉사하고 온통 일로 시간을 보내야 하는 청장년기, 그리고 모든 것을 접고 여가 생활로 시간을 보내는 노년기로 바라보는 관점이다. 이런 관점에서 보면 은퇴 후 노년기의 생활은 일상의 모든 일들에서 남의 도움을 받고 원하는 모든 일들을 언제든지 할 수 있으며 쓰고 싶은 만큼의 돈을 여유롭게 쓸 수 있는 상황을 가정하고 있다. 그래서 영화나 드라마에서나 등장하는 가사를 전담하는 집사를 두고 자신은 일거수일투족까지 섬김을 받으면서 그 집사가 짜준 스케줄에 따라 일주일에 4일은 놀고 남은 3일은 쉬는 프로그램으로 하루하루를 지내는 것을 꿈꾼다. 또한 한 달에 한 번 이상은 여행을 다녀야 하고 일 년에 한 번 이상은 해외여행을 해야 한다고 생각한다.

또 하나의 모델은 생산활동 중심의 라이프스타일을 들 수 있다. 이는 소비 중심의 스타일과 달리 인생을 4단계로 나눈다. 성장기와 청장년기는 크게 다르지는 않지만 대신 청장년기가 조금 짧아져서 40세부터 70세까지의 약 30년간을 건강하고 활동이 가능한 3단계로 설정하는 것이다.

그리고 이 3단계에서부터 앞으로 살아야 할 4단계 후반부의 삶에 대한 새로운 준비를 미리 시작하고 적당한 일과 새로운 학습 그리고 더 높은 생산성을 위한 여가 활동을 병행하는 시기로 활용한다는 것이다. 마지막 4단계도 그저 시간만 죽이며 자원을 소비하는 것이 아니고 양은 줄었지만 그래도 여전히 일을 하며 새로운 지식의 함양을 통해 사회와의 통합을 유지하면서 적절한 여가조차도 생산적인 활동으로 연계하는 생산 중심의 활동으로 알차게 보내기를 희망하는 라이프스타일이다.

여기서 말하는 생산의 의미는 재화일 수도 있고 새로운 것을 창조하는 유무형의 모든 것들을 포함하는 것일 수도 있다. 따라서 재무적인 활동을 전제로 한 일과 지식을 생산하는 학습활동, 사회의 역할과 책임을 공유하는 봉사활동 모두가 이런 생산활동 중심의 라이프스타일의 중요한 구성 요소가 될 수 있다.

그러나 생산활동 중심의 라이프스타일에서도 일이 가장 큰 의미를 갖는 요소임은 물론이다. 따라서 우리에게는 은퇴 후에 일에 대한 새로운 관점을 갖는 것이 필요하다.

근래 많이 회자되는 것 중에 9988234라는 말이 있다. 99세까지 88하게 살다가 2~3일 앓다가 죽는다는 말인데 그 말이 9988124로 발전했다. 2~3일도 길기 때문에 하루나 이틀만 앓다가 죽겠다는 것이다. 많은 강좌에서 인생을 살다가 언제, 어디에서 생을 마감하고 싶은지를 질문해 보면 대부분이 병원이나 양로원, 자기 집이나 실버타운을 이야기한다. 한데 어떤 분이 자기는 신발을 신고 죽고 싶다고 답을 했었다.

신발을 신고 자신이 하던 일을 하다가 하루 이틀 앓는 것도 싫으니 현장에서 건강한 상태로 세상을 떠나겠다는 것이었다. 나는 신발을 신고 죽겠다는 이 대답이야말로 병원이나 양로원에서 죽겠다는 생각과는 차원이 다른 것이며 노후의 삶에서 일의 중요성

소비활동 중심의 은퇴생활

유년   청장년   노년

생산활동 중심의 은퇴생활

유년   청장년   3rd age   노년
　　　전반전　　　　　　후반전

3장 은퇴설계 실전 전략

을 새삼 일깨운 명답이라고 생각하게 되었다.

무엇을 하며 지낼 것인가

> 만약 당신이 은퇴 후 일하기를 원치 않는다면
> 일을 하지 않아도 될 만큼의 충분한 자금을 벌어놓기 위한 일을 해야만 한다.
> ─ Ogden Nash

은퇴생활을 경제적 자원 관점에서 보면 우선 늘어나는 것은 시간과 연륜, 경험 등이고 줄어드는 것은 재무적인 자원과 일, 그리고 권력, 건강, 만나는 사람 등이다. 이들 많은 요소 중 모든 사람에게 공통적으로 공정하게 주어지는 것이 시간이다. 그 외의 많은 자원들은 은퇴 전 각자의 삶의 방식에 의해 차이가 나지만 시

| 표 27 노인들의 시간 사용 내역

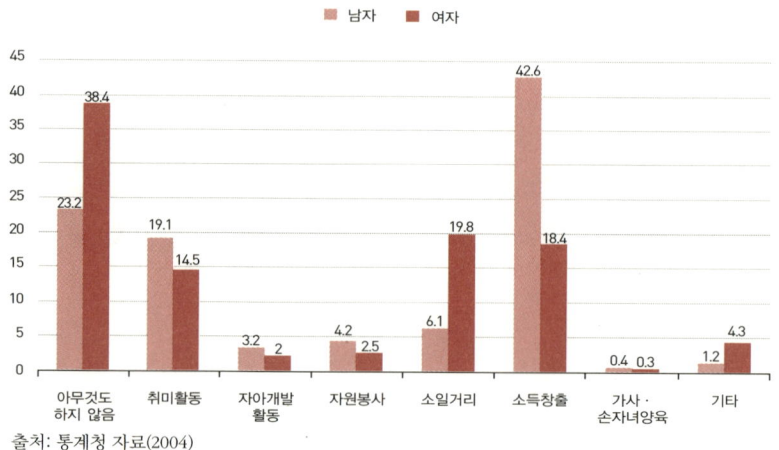

출처: 통계청 자료(2004)

간만큼은 동등하게 주어진다. 물론 개인적으로 남은 시간의 총 길이나 상대적인 느낌은 차이가 있을 수 있다. 하지만 은퇴자 모두에게 하루는 24시간이고 일주일은 168시간이다. 그것은 은퇴 전 무슨 일을 했고 얼마나 높은 자리에 있었으며 얼마나 많은 자원을 가졌는가와 상관이 없다. 결국 행복한 은퇴생활이란 이렇게 남게 된 시간들을 어떤 의미 있는 활동들로 채우느냐에 의해서 결정된다고 할 수 있다.

노인들의 시간 사용 내역을 살펴보면 남자들은 소득창출을 위해 많은 시간을 보내고 그 다음으로 아무것도 하지 않고 있으며 여자들의 경우에는 아무것도 하지 않는 경우가 전체의 23.2%로 가장 많고 그 다음이 소일거리와 소득창출로 시간을 보내고 있다.

연령대별로 시간 사용 내역을 살펴보면 연령이 높아질수록 아

| 표 28 연령대별 시간 사용 내역

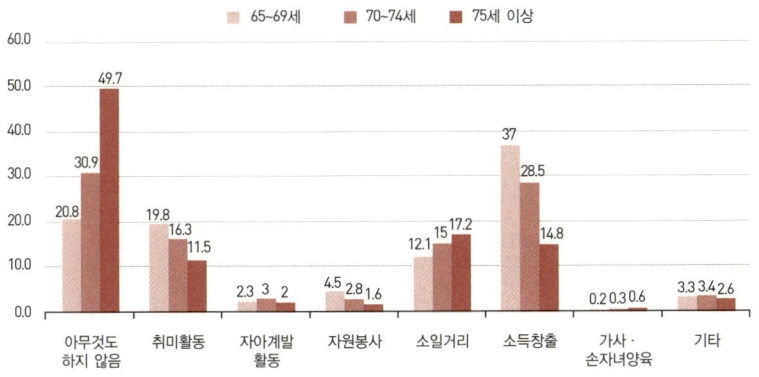

출처: 통계청 자료(2004)

3장 은퇴설계 실전 전략 189

무엇도 하지 않는 경우가 많고 소득창출 활동과 취미활동은 연령이 높아질수록 낮아지고 있다. 나이를 먹을수록 소일거리로 시간을 보내는 비율은 높아지는 것을 알 수 있다.

은퇴자들이 일을 해야 하는 이유

대한민국 헌법에는 국민들의 근로에 관하여 다음과 같이 명시하고 있다.

제32조 ① 모든 국민은 근로의 권리를 가진다. 국가는 사회적·경제적 방법으로 근로자의 고용의 증진과 적정임금의 보장에 노력하여야 하며, 법률이 정하는 바에 의하여 최저임금제를 시행하여야 한다.

② 모든 국민은 근로의 의무를 진다. 국가는 근로의 의무의 내용과 조건을 민주주의 원칙에 따라 법률로 정한다.

그런데 이런 근로의 권리와 의무에 대한 헌법 조항들은 은퇴자들에게는 적용되지 않는 것일까?

우선 권리에 관한 사항들을 살펴보면 근로의 능력과 의사를 가진 근로자가 근로 기회의 보장을 요구할 수 있는 근로권에 대한 사항을 명문화 한 것으로, 은퇴자들도 근로의 의지가 있고 능력이 있다면 그들에게도 일자리가 주어져야 하고 그러한 권리가 보호되어야 한다는 의미이다. 따라서 나이를 근거로 근로의 조건을 제한받거나 스스로 일에서 물러나는 것은 헌법 정신에도 위배된다는 의미이다.

두 번째로 근로의 의무에 관한 사항을 살펴보면 모든 국민은 근로를 통해 자신과 국가의 부를 증대시켜야 할 의무가 있다는 것으로, 근로 능력이 있는데도 근로하지 않는 사람에 대해서는 생활보호의 혜택을 주지 않겠다는 선언적 표현으로도 볼 수 있다. 따라서 근로의 의무의 측면에서도 은퇴자들은 활동 능력이 있는 한 근로에 종사하는 것을 당연한 것이라고 여겨야 한다는 것이다.

다소 억지스러운 감이 없지는 않지만 이렇게 헌법에서도 근로의 권리와 의무에 대해 규정하고 있는 터에 단지 은퇴했다는 이유만으로 모든 일에서 손을 뗀다는 것은 민주시민으로서의 권리와 의무를 스스로 포기하는 것이라 할 수 있다. 다시 한 번 말하거니와 이렇게까지 해서라도 은퇴 후에 일하는 것에 대해 긍정적이고 적극적인 생각을 가져야 한다는 사실을 재삼 강조해 두는 바이다.

40~50대가 은퇴 후 창업하는 10가지 이유

은퇴는 일을 위한 삶을 멈추고, 살기 위한 일을 시작하는 때이다. 40~50대 예비 은퇴자들은 사실 새로운 일을 시작하기 위한 좋은 조건을 다른 어느 세대보다 더 많이 갖고 있다는 사실을 알아야 한다. 그 조건들을 다음과 같이 정리할 수 있다.

1. 40~50대는 앞 세대들보다 너무 건강하다.

2. 40~50대는 고용되거나 소속되어 있고 싶어 하는 열망이 강하다.
3. 40~50대는 여분의 소득을 올리고 싶어 하는 욕구에 충만해 있다.
4. 40~50대는 즐길 수 있는 어떤 사업을 시작하고 싶어 하는 열정을 간직하고 있다.
5. 40~50대는 지난 20~30년 동안 수집한 수많은 명함을 가지고 있다.
6. 40~50대는 자기 자신을 위해 일로부터 얻게 되는 독립과 유연성을 진정으로 원한다.
7. 40~50대는 좋은 경험과 특별한 노하우를 가지고 있다.
8. 40~50대는 새로운 사업을 시작할 정도의 재무적인 여유를 가지고 있다.
9. 40~50대는 집에서나 기존의 점포에서 인터넷으로 사업을 진행 할 수 있는 지적 능력이 있다.
10. 40~50대는 나이에서 오는 차별을 거부할 수 있는 용기가 있다.

이런 좋은 조건을 제대로 활용하지 못하고 썩혀 버린다면 그것은 개인적으로도 크나큰 손실일 뿐만 아니라 사회적으로도 유용한 자원의 낭비가 될 것이다.

40~50대는 홈 비즈니스로 새로운 기회를 창출할 수 있다

 40~50대는 스스로에게 투자하는 것이 자신들이 할 수 있는 최상의 투자라는 것을 알고 있고 또한 믿고 있다. 그래서 일정한 금액을 어디에 투자하면 좋겠냐고 질문하는 많은 젊은이들에게 나는 그 돈의 절반은 금융상품에 투자하되 나머지 반은 자기 계발을 위해 투자하라고 권한다. 그리고 10년 혹은 15년간 자기 계발을 위해 그 돈을 투자하고 은퇴시점에 가서 금융상품을 통해 얻는 이자소득과 자신의 몸값을 비교해 보라고 한다. 소비활동 중심의 은퇴생활을 원한다면 금융상품에 전액을 투자하는 것이 맞겠지만 생산활동 중심의 은퇴생활을 꿈꾼다면 당연히 후자여야 한다. 이렇게 준비한 사람들은 은퇴시점이 되면 누구라도 홈 비즈니스를 운영할 수 있는 능력을 갖춘 사람으로 변모해 있기 마련이다.

 40~50대들은 은퇴 전의 직무에서 갈고 닦은 실력과 자기 계발을 통해 얻은 역량을 십분 활용해 사양길에 접어든 분야에 미련을 가질 것이 아니라 참신하고 다양한 홈 비즈니스 분야에 집중할 필요가 있다. 그 이유는 다음과 같다.

- 자신의 가치를 진정으로 알아주고 돈을 투자할 사람은 자신 이외에는 아무도 없다.
- 자신이 스스로를 다운사이징해야 할 필요가 없다.

- 그것이 실제로 재무적 자유를 가져다줄 기회가 된다.
- 자신이 스스로에 대한 주인이라는 자기 주체성을 확인시켜 준다.

40~50대의 선두 주자들은 이미 지난 십년 동안 이런 생각들을 갖고 있었다. 2000년도에만 해도 자영업 비율은 10%가 채 되지 않았다. 그러나 2009년에는 40~50대 중 자영업자 비율이 26%로 늘어난 사실에서도 이를 확인할 수 있다.

비즈니스의 오너가 될 것인가 하는 문제는 사실 은퇴설계를 할 때 가장 크게 다루어야 할 문제 중의 하나이다. 하지만 '자신의 비즈니스를 향해 과감하게 출발하라.'

홈 비즈니스의 가장 일반적인 모습은 평소 자기가 재미있어 하고 흥미를 가져 왔던 특별한 분야의 일을 하는 것이다. 자신만의 특별한 비즈니스를 선택했을 때 얻을 수 있는 다양한 이익들이 여기에 있다.

자기가 좋아하는 일 중에서 집에서 할 수 있는 일을 찾는 것이 좋은 시작 방법이다. 그렇게 되면 사무실을 얻고 꾸미고 유지하는 경비를 획기적으로 줄일 수 있다, 일인 창업으로 지식 비즈니스를 하는 전문가들이 자기 집에 사무실을 두고 사업을 성공적으로 하고 있는 사례들이 많이 있다. 초기 투자를 크게 하지 말고 집에서 경험을 쌓은 후에 어느 정도 시장상황을 파악하고 자신감을 얻은 이후에 확대를 해도 늦지 않다는 것을 명심해야 한다. 조급

함은 사업을 망치는 가장 큰 지름길이다.

지금은 모든 것들이 인터넷 안에 다 있다. 따라서 인터넷 마케팅을 어떻게 해야 하는지를 알아두는 것은 매우 중요한 요소이다. 온라인을 통한 시장조사와 트랜드 파악, 각 온라인 커뮤니티를 통한 대량 판매 등 인터넷 비즈니스에 필요한 활동을 꾸준히 해야 한다.

인터넷 사업은 오프라인 사업에 비해 초기 투자 규모나 실패에 따른 자본금 손실 규모가 작다는 장점이 있는 반면 낮은 진입장벽 때문에 그만큼 경쟁이 치열하다는 단점도 있다. 하지만 어떤 면에서는 그렇기 때문에 더더욱 40~50대가 인터넷 비즈니스에 더 유리할 수도 있다. 사회 경험이나 인맥이 풍부하고 다른 연령대에 비해 창업 자금도 넉넉한 편이기 때문이다. 따라서 이런 여건을 적극 활용하면 그만큼 성공 확률도 높아진다.

하지만 중장년층이 갖고 있는 한계도 분명히 인식할 필요가 있다. 40~50대는 실패하면 재도전이 쉽지 않은 나이다. 자녀 교육비 등으로 한창 생활비가 많이 들 때라 경제적인 부담도 큰 편이다. 따라서 적정한 생활비 확보를 위해서는 창업 후 곧바로 안정적인 수입이 보장되지 않으면 어려움을 겪을 수 있다는 점도 충분히 감안해야 한다.

자기 계발

배움에는 때가 있을 수 없다. 또 배워야 할 것들은 나날이 새로 생겨나고 있다. 나이가 들었다고 해서 세상 변화의 흐름에 무관심하게 지내다가는 말 그대로 뒷방 늙은이 신세를 면할 수 없고 자식들에게 소외당할 수도 있다. 은퇴 후 상대적으로 시간적 여유가 많은 시기에 적절한 학습 계획을 세워 자기 계발에 투자하는 것도 은퇴생활을 보람으로 채울 수 있는 좋은 수단이 된다. 또한 가족을 부양하기 위해 앞만 보고 일에 몰두하느라 미루어 두었던 자신의 꿈을 실현시키기 위해 어떤 분야에 깊이 파고드는 삶은 그것 자체로도 아름답다는 사실을 명심하자.

다음의 글은 어느 노인의 의미심장한 자기 고백으로 우리로 하여금 많은 것을 생각케 한다.

나는 젊었을 때 정말 열심히 일했습니다. 그 결과 나는 실력을 인정받았고 존경을 받았습니다. 그 덕에 65세에 당당한 은퇴를 할 수 있었습니다. 그런데 지금 95번째 생일을 맞으며 얼마나 후회의 눈물을 흘렸는지 모릅니다.

내 65년의 생애는 자랑스럽고 떳떳했지만, 이후 30년의 삶은 부끄럽고 후회스럽고 비통한 삶이었습니다. 나는 퇴직 후 이제 다 살았다, 남은 인생은 그냥 덤이다, 라는 생각으로 그저 고통 없이 죽기만을 기다렸습니다.

··· 중략 ···

만일 내가 퇴직을 할 때 앞으로 30년을 더 살 수 있다고 생각했더라면 난 정말 그렇게 살지는 않았을 것입니다. 그때 나 스스로가 늙었다고, 뭔가를 시작하기엔 늦었다고 생각했던 것이 큰 잘못이었습니다. 나는 지금 95살이지만 정신이 또렷합니다. 앞으로 10년, 20년을 더 살지 모릅니다.

이제 나는 하고 싶었던 어학공부를 시작하려 합니다. 그 이유는 단 한 가지. 10년 후 맞이하게 될 105번째 생일 날, 95살 때 왜 아무것도 시작하지 않았던가 후회하지 않기 위해서입니다.

65세 이상 노인들을 대상으로 평생학습 참여 경로를 분석해 보면 전체의 6.4%만이 학습에 참여한 경험이 있고 그중 교양강좌가 56.4%로 가장 많은 것으로 나타났다. 그 다음이 직업훈련이나 TV, 인터넷을 통해 학습을 하고 있는 것으로 나타났으며 남자들은 직업훈련과 교양강좌가 많았고 여자들은 교양강좌 이외에는 특별한 학습이 없었다.

앞으로 학습 계획이 있는지에 대한 설문에서는 14.6%만 계획이 있고 전혀 없다가 85.4%로 나타나 노인들은 새로운 지식 습득에 매우 소극적임을 알 수 있다. 가장 배우고 싶은 분야는 컴퓨터 관련 분야였고 문화 분야와 어학 관련 분야가 그 뒤를 이었다. 여자 노인들은 문화교양 분야에 대해 교육 니즈가 가장 컸다.

40~50대가 앞으로 몸담고 살아가야 할 사회는 지식정보화 사

| 표 29 평생학습 경로

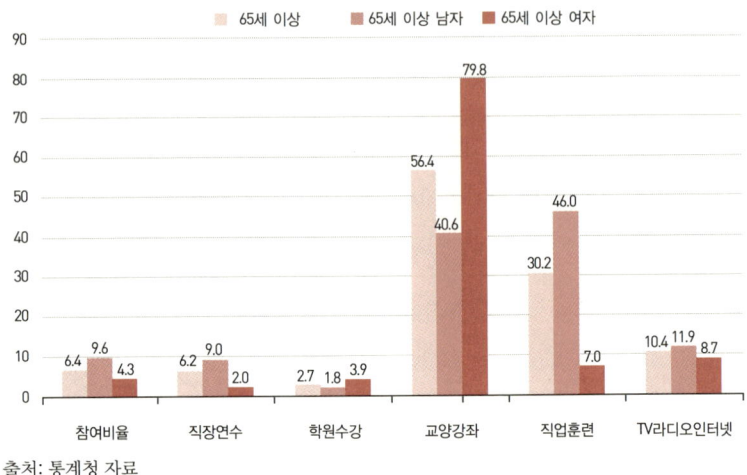

출처: 통계청 자료

회의 한가운데라 할 수 있다. 그동안 그들이 알고 있었던 지식과는 너무 다른 새로운 문물들이 세상을 지배하게 될 것이다. 따라서 과거에 비해 학습의 중요성은 엄청나게 커지고 있다. 이러한 지식정보화 사회에서 이탈되지 않고 나름의 경륜과 인격적인 존엄을 유지하기 위해서는 세상과의 실시간으로 소통이 필요하다. 한 예로 이들이 학교를 다닐 때 배웠던 자동차의 구조는 기계식이 전부였지만 지금의 자동차는 전자 장치가 차지하는 비율이 35%대에 이른다고 한다. 기계를 전공한 사람조차도 차의 엔진 부분을 보면 뭐가 뭔지를 알 수 가 없게 되어버렸다. 기계적인 오류보다는 전자적인 오류에 의해 자동차의 고장이 더 많이 생기는 세상이다. 생활의 편의를 위한 수많은 전자기기와 커뮤니케이션을 담당하는 기기들은 이들의 학창시절에는 존재하지도 않았고 성인이 되어서도 잘 알지 못하는 것이 대부분이다. 학습에 대한 의욕이나 계획 없이 은퇴를 하다가는 말 그대로 원시인 수준에서 세상과 소통하려는 꼴이 되고 말 것이다.

| 표 30 평생학습 관심 분야

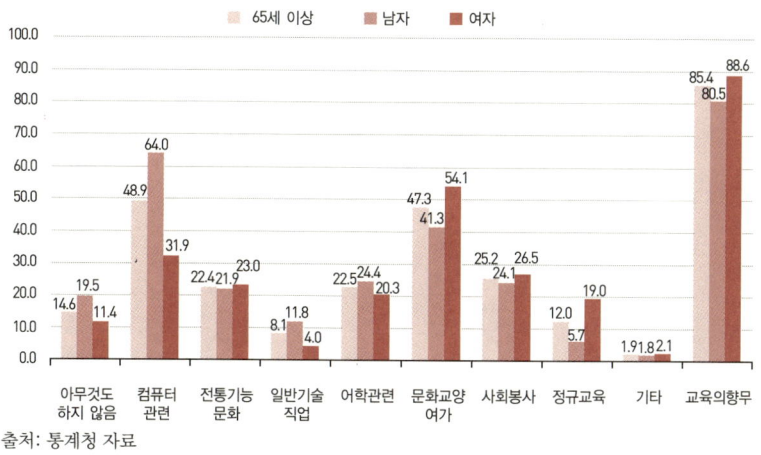

출처: 통계청 자료

이러한 상황에 빠지지 않기 위해서는 끊임없는 학습으로 자신의 역량을 키워야 하며 시류의 낙오자가 되지 않기 위해 노력해야 한다. 노년의 학습을 위해 3rd Age 대학을 운영하고 있는 유럽의 사례에서 우리는 많은 것을 배워야 한다. 죽는 날까지 새로운 지식을 받아들이고 익히는 자기 계발 계획도 40~50대들의 은퇴준비에 추가되어야 한다.

여가 활동

> 진정한 여가의 의미를 아는 사람은 몇 안 되며 기분전환 또는 휴가,
> 심지어 잡일로 시간을 보내는 것도 여가로 혼동한다.
> — Shannon Mullen

연령대별로 시간 사용 내역을 분석해보면 아무것도 하지 않는 계층들이 70대를 넘어가면서 가장 많고 그 중 75세 이상자들은 거의 절반에 가까운 비율로 아무것도 하지 않는다고 하였다. 소득창출을 위한 일로 시간을 보내는 비율이 65~69세 인원에서는 가장 많았으나 이후 감소하고 있고 취미활동을 하는 인원은 연령이 높아지면서 감소하고 소일거리로 보내는 인원은 증가하고 있다.

| 표 31   연령대별 시간 사용내역

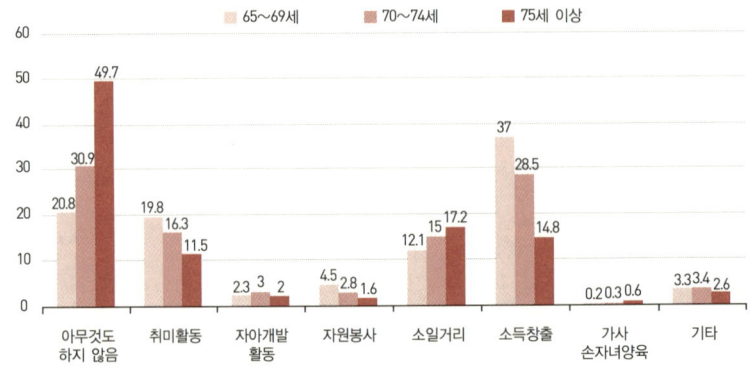

출처: 통계청 자료(2004)

여가 생활에 대한 조사에서 40대는 71.3%가 여가 활동에 시간을 할애하고 있지만 정작 시간 이용도가 높아야 하는 60세 이상자와 65세 이상자들 사이에서는 50% 미만으로 줄어든다.

용도별 여가 시설 이용에서는 관광명소를 찾는 경우가 연령대 구분 없이 고르게 가장 높았으며 다음이 온천장 및 스파 시설이었는데 이는 연령이 높아질수록 이용도가 높았다. 그 중 많은 은퇴자들이 멋진 은퇴생활의 기준의 하나로 생각하는 골프는 40대에서 10% 정도가 이용하고 있으나 60대 이후에는 2% 정도로 낮아져서 거의 이용을 하지 않는 것으로 보인다.

전체적으로 보면 은퇴 후 여가 활동 이용 정도는 매우 낮았고 그것도 관광명소에 집중되어 있어 전체 생활의 균형을 잡아주고 활력소 되는 여가 활동에 거의 시간과 노력을 투자하고 있지 않는 것으로 나타났다.

| 표 32 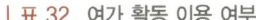 여가 활동 이용 여부

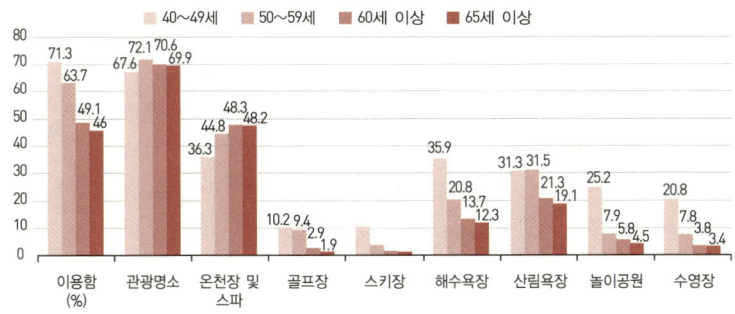

출처: 통계청 자료(2009)

여가 활동 여부를 성별, 연령별로 분석해 보면 남녀의 차이가 크지 않았고 연령이 높아질수록 그 이용도가 낮게 나타났다.

|표 33 남녀별 여가 활동 이용 여부

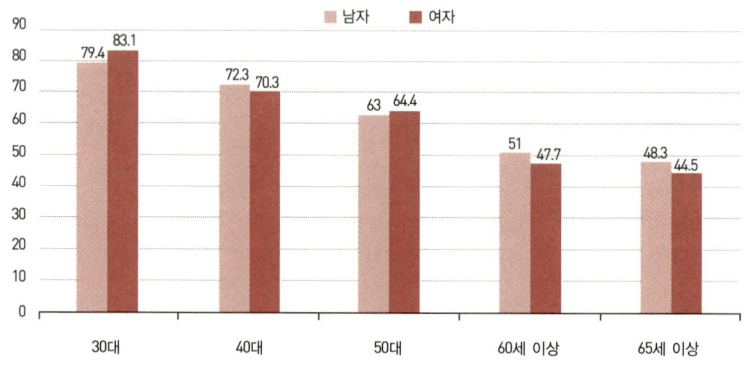

출처: 통계청 자료(2009)

여가 활동 가운데 은퇴자들의 로망이라 할 수 있는 골프에 대해 그 인원을 연령대별로 분석해 보면 40대가 많고 60대가 넘어가면서 그 인원이 매우 적었으며 남자에 비해 여자들이 골프를 치는 비율은 매우 낮았다.

| 표 34 골프 치는 인원 비율

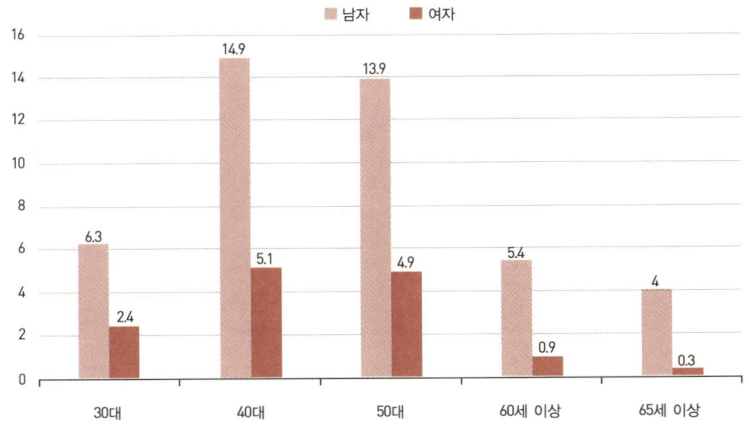

출처: 통계청 자료(2009)

　연령대별로 연간 라운딩 횟수를 분석해 본 결과 남자들은 연령이 높아질수록 그 횟수가 많았고 여자들은 60세까지는 상승하다가 그 이후 크게 감소하는 것으로 나타나 은퇴 후에도 골프를 즐기는 남자들은 어느 정도 있으나 여자들의 경우에는 체력적인 부담으로 라운딩 횟수가 줄어드는 것으로 보인다.

　여가 생활 불만족 요인을 분석해 보았는데 남자들은 50대까지는 경제적 부담이라는 이유가 상승하다가 그 이후로는 낮아지고 있고 시간 부족 때문이라는 이유는 나이가 올라 갈수록 감소하는 반면 상대적으로 건강과 체력 때문이라는 이유는 늘어나는 추세를 보였다.

| 표 35 연령대별 연간 골프 라운딩 횟수

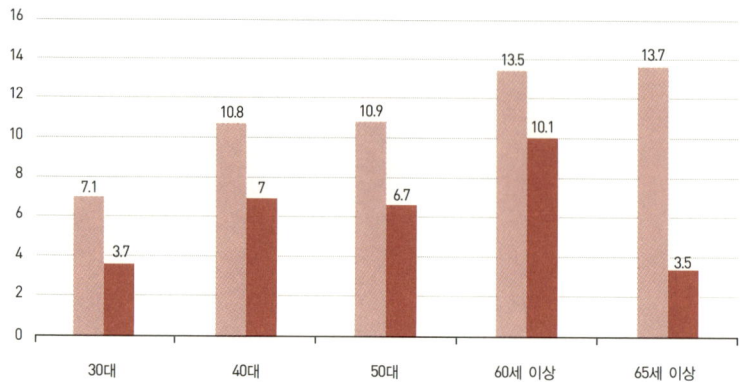

출처: 통계청 자료(2009)

| 표 36 여가 생활 불만족 요인(남)

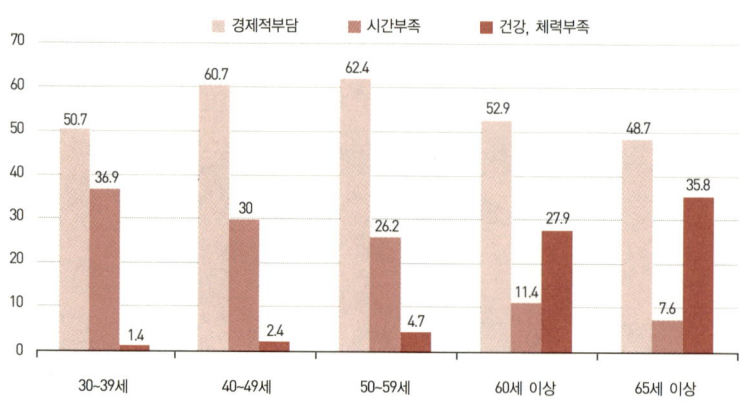

출처: 통계청 자료(2009)

204 다시 생각하는 은퇴 경제학

여자들의 경우는 40대에 경제적 부담이 가장 높은 불만 요인이었고 그 이후로 줄어들고 있으며 시간 부족은 남자들과 비슷한 추세로 감소하고 있다. 건강과 체력 때문이라는 이유는 60대를 넘어서면서 급격히 높아졌다. 남녀를 비교해 보면 50대 남자들은 경제적 이유가 제일 큰 문제였고 여자는 40대가 경제적 문제를 이유로 들었다. 상대적으로 남자들이 여자들보다 시간이 부족해서 여가를 즐길 수 없다고 한 반면 건강과 체력 부족은 주로 여자들의 불만 요인으로 작용했다.

| 표 37 여가 활동 불만족 요인(여)

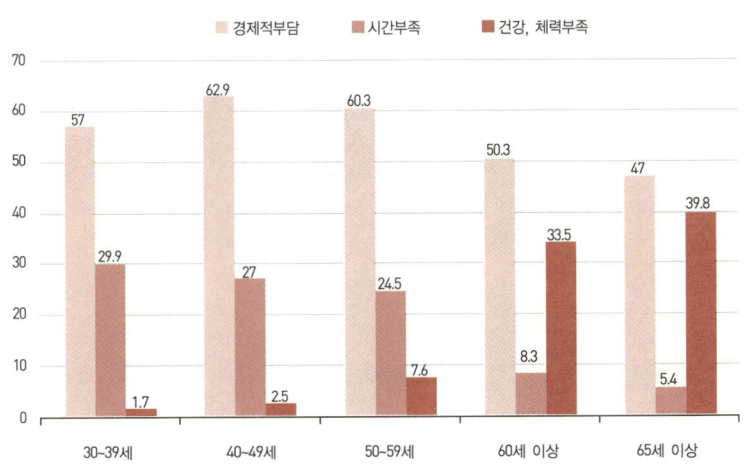

출처: 통계청 자료(2009)

여가 생활 불만 요인 중 취미가 없어서라고 답한 사람들의 경우 남자들은 나이를 먹을수록 그 비율이 높았고 여자들은 60대까지는 증가하다가 65세 이상에서는 많은 감소 추세를 보이는데 이는 여자 노인들의 65세 이후 활동이 독립적이고 자율적으로 변하고 있다는 것을 나타낸다고 해석할 수 있다.

| 표 38 여가 활동 불만족 요인(취미가 없어서)

연령	남자	여자
30~39세	2.4	2.1
40~49세	1.7	1.4
50~59세	2.2	2.5
60세 이상	2.6	2
65세 이상	2.8	1.8

출처: 통계청 자료(2009)

많은 이들이 은퇴생활에서는 은퇴 전과 달리 자기를 위해 사용할 수 있는 시간이 많이 주어지기를 기대한다. 그런데 이러한 기대에는 은퇴 전에 할 수 없었던 새로운 것들, 특히 취미활동이나 레저 활동으로 이런 시간들을 보낼 것이라는 전제가 바탕이 된다. 그러나 현실적으로 점점 나이를 먹어갈수록 더 많은 여유 시간들이 생기지만 이러한 시간들을 여가 활동으로 보내는 경우는 오히려 줄어들고 있는 것을 알 수 있는데 이는 노는 것도 배워야 한다는 말을 실감나게 해주는 것이라고 할 수 있다. 놀아 본 사람만이 잘 놀 수 있다는 것인데 은퇴자들의 여가 활동의 가장 큰 불만 요인이 경제적 이유와 취미가 없어서라고 한 것이야말로 이런 주장을 입증하는 것이다. 돈을 들이지 않고도 즐길 수 있는 활동들이 너무나 많다. 물론 이런 여가 활동들도 시간을 죽이는, 혹은 소모적인 활동으로 보낼 수도 있겠지만 적절한 생산활동과 조화를 이루는 여가 활동들로 채우는 것이 바람직하다. 그것도 혼자가 아닌 부부가 같이 즐길 수 있는 활동들로 준비해야 한다.

종교생활

은퇴생활을 잘한다는 것은 할 일 없이 남겨진 시간을 통해 자신과 남을 위해 봉사하면서 보낼 수 있는 여유를 갖는다는 의미이기도 하다. 이런 생활을 가능케 하는 여러 가지 방법이 있겠는데 종교생활도 그 중 한 가지 방법이다.

많은 종교기관에는 봉사할 일도 많다. 이런 봉사활동을 통해 자신의 존재와 삶의 의미를 찾을 수 있고 시간도 의미 있게 보낼 수 있다. 성경이나 불교의 경전은 삶의 지혜가 담긴 보고(寶庫)이기 때문에 이를 통해 정신을 맑게 유지할 수 있다. 성현의 삶의 지혜가 담긴 글을 매일 읽을 수 있는 것만으로도 행복해질 수 있다. 경전의 특징은 삶을 살아갈수록, 많이 읽을수록 그 의미가 새로워

진다는 것이다. 독서를 하고, 생각을 많이 할수록 치매 같은 질병에 걸리는 확률이 낮아진다는 연구 결과도 있다.

종교생활을 하면 대인관계도 좋아져서 언제나 만나서 대화할 상대가 생긴다. 더군다나 같은 처지에 있는 사람들과 교제할 수 있다는 것은 행복한 일이 아닐 수 없다. 은퇴생활 중에서 가장 힘든 일이 바로 외로움을 극복하는 일이다. 든든하게 의지할 절대자와 대화할 친구가 있다는 것만으로도 노년은 덜 외로울 것이다.

또한 종교생활은 은퇴생활의 마지막이라 할 수 있는 죽음의 고통을 극복하는 데 큰 도움을 준다. 죽음은 누구에게나 두렵고 무섭다. 그래서 가장 잘 죽는 사람이 가장 행복한 인생을 살았다고 하는데 죽음의 두려움을 극복할 수 있는 방법 중의 하나가 종교를 갖는 것이다. 종교가 죽음을 막지는 못하겠지만 죽음의 고통을 완화해줄 수는 있다. 훌륭한 종교 지도자들의 임종은 엄숙하고도 장엄하다. 또한 종교에 심취해 있는 사람의 임종은 평온하다. 종교에 귀의한 이는 죽음을 두려움으로 맞이하는 것이 아니라 절대자의 품으로 돌아가는 순간으로 받아들이기 때문에 환한 미소를 머금고 세상을 떠나기도 하는 것이다.

어디에서 살 것인가?

05

　　은퇴 후 살 곳에 대해서 질문해 보면 남녀가 생각하는 지역이 다른 경우가 많다. 도시에 살고 있는 50대 가장들 중 많은 이들이 시골에 가서 전원주택을 짓고 살고 싶어 한다. 그것도 시골이 고향인 사람들은 대부분 고향에 그런 새로운 보금자리를 꾸미는 꿈을 갖고 있다. 반면 비슷한 나이의 주부들을 대상으로 그런 질문을 던지면 거의 대부분이 현재 살고 있는 곳을 떠나려 하지 않는다. 부부 워크숍에 참가한 부부가 배우자의 이런 의중을 알고 나면 나머지 프로그램 진행에 많은 애를 먹는다. 남편은 왜 시골에 가야 하는지를 설명하고 부인은 부인대로 시골에 갈 수 없는 이유를 주장한다. 그런데 1박 2일의 짧은 워크숍 기간에 이 문제에 대한 합의에 도달하는 것은 참으로 어려운 일이다.

　　그래서 은퇴설계에 대해 어떤 준비가 최우선인가 하는 질문을 받으면 나는 어디에서 살지를 가장 먼저 생각해 보라고 한다. 누구와 살 것인가 하는 문제도 어디에서 살 것인가가 정해지지 않고서는 답을 찾기가 어려운 문제이기 때문이다.

은퇴 후 살고 싶은 곳을 결정하는 데는 여러 가지를 고려해야 한다. 은퇴 후의 생활은 그 기간도 길 뿐만 아니라 가족 구성원이나 개인적인 상황에도 변화가 많은 기간이기 때문에 각 단계에 적합한 거주 환경에 대해서 깊이 생각해 보아야 한다.

우선 거주지의 큰 틀인 지역사회에 대해 고려해야 하는데 이러한 지역사회의 의미와 구성 요소에 대해서 살펴보면 지역사회란 일정한 지역에서 공통성(공동의 가치관, 생활양식)에 바탕을 둔 공동체의식을 가지고 살아가는 사람들의 공동체를 말한다. 요약하면 다음과 같다.

1. 일정한 지리적 공간과 주민
2. 기본적인 욕구 충족이 가능한 사회 조직
3. 문화의 공유와 소속감(유대감)
4. 구성원 간의 사회적 상호 작용 등이 있다.

또한 은퇴 후의 생활 공간은 다음의 3가지의 요구사항을 충족시킬 수 있는가를 따져보아야 한다.

첫째, 생리학적 요구에 부응할 수 있는 수면, 휴식, 음식, 음료, 위생, 성행위, 빛, 공기, 태양 등을 고려해야 하고,

둘째, 안전을 위한 요구에 적합한 일반적인 주거의 안전, 오염, 소음, 사고로부터의 안전, 교통안전 등을 고려해야 하며,

셋째, 심리학적인 요구에 적합한 계약, 경험, 사생활 보장, 활동성, 놀이, 감정과 환경적응이 가능한 구조인가를 고려해야 한다. 따라서 은퇴 후의 주거 공간에 대해서는 은퇴 전과는 달리 다양한 부문에서의 고려가 필요한 것이다.

많은 이들이 희망하는 전원 생활도 실현 가능한 요소들을 바탕으로 생각해야 한다. 그곳에서 무엇을 할 것이며 이웃과는 어떻게 지낼 것인지, 자녀들과의 관계는 어떻게 할 것인지 등을 종합적으로 고려해야 한다.

도시와 시골 생활에 대해서도 각각 고려할 요소들이 많은데 한때 많은 은퇴자들 사이에서 이상적인 주거 환경이라는 평가를 받으며 인기를 끌었던 한적한 야외의 실버타운들이 경영의 어려움을 겪고 있는 사실은 무엇을 뜻하는 것일까. 또 시골로 은퇴생활을 떠났던 많은 이들이 다시 도시로 돌아오고 있다는 사실은 은퇴 후의 주거에 대해 많은 것들을 시사한다. 즉 자연환경이 좋은 것만으로 은퇴생활에서 필요한 것들이 모두 충족되지는 않는다는 것을 의미한다. 지역사회의 구성, 생리학적 요구, 심리학적 요구를 모두 충족시킬 수 있는 최적의 공간이 어디인가는 대단히 중요한 문제인 것이다.

미국에서는 최근 대학 캠퍼스 내에 설치한 실버타운들이 인기를 끌고 있는데 그런 캠퍼스 노인촌이 인기를 끄는 이유는 평생

교육을 희망하는 노인들의 수요가 크게 늘고 있기 때문이라고 한다. 기존의 양로원은 오락 및 사회활동 여건이 부족할 뿐 아니라 노인들을 사회에서 격리시키는 데 반해 캠퍼스 노인촌은 젊은 학생들과 섞여 활기 있게 살 수 있도록 해주는 장점을 갖고 있다.

미시간 주립대학 내에 거주하는 92세대는 학생들과 함께 수업을 받고, 미식 축구를 보러 가는 등 젊게 사는 노인들의 대표적인 예이다. 이들은 교수진을 저녁식사에 초대해 강의를 듣거나, 음대생을 초청해 공연도 관람한다. 또 러셀 빌리지처럼 입주자들에게 1년에 450시간 이상의 수업 참여, 체력 단련 프로그램 참여 및 자원봉사활동을 의무 사항으로 요구하는 곳도 있다.

뉴욕타임스는 캠퍼스 노인촌의 집값이 일반 주거비보다 비싼 경향이 있다는 사실을 지적하면서도 이는 단순히 집이 아니라 라이프스타일을 구매하는 것이기 때문이라고 해석했다.

종전의 생산 중심의 도시들이 소비 중심의 공간으로 바뀌면서 주거 환경과 자녀교육 등의 이유로 도시를 떠났던 사람들이 여러 가지 편의시설과 출퇴근 시간의 편의성, 학령 자녀의 성장 등의 이유로 다시 도심으로 회귀하고 있는데 이는 은퇴자들에게도 예외가 아니다. 더구나 도시 외곽으로 주거를 옮김으로 해서 발생하게 되는 차량 이동 증가에 따른 탄소의 추가 배출 문제는 환경 오염 방지를 위한 탄소 배출 억제책 등의 시행으로 주택가격에도 영향을 미칠 수 있는 요소이다.

전국의 100세 이상 노인 960명을 대상으로 조사한 자료에 따르면 2005년 기준으로 이들의 거주지별 절대 인원 수는 경기 지역이 가장 많고 다음이 서울, 전남 순이었다. 이를 인구 10만 명당 인원으로 환산해 보면 전남, 제주, 충남, 전북 순이었다. 이는 의료, 문화 등의 제반 시설이 잘 갖추어진 도심보다는 오히려 자연환경이 더 좋은 곳에서 장수한다는 것과 농촌 지역에서 활동을 많이 하는 사람들이 장수한다는 해석을 가능케 한다. 도시가 좋은지 시골이 좋은지의 여부도 결국은 자신이 희망하는 라이프스타일과 부부가 동의하는 공간, 그리고 자신의 건강상태나 이웃과의 관계 등을 복합적으로 고려한 상태에서 신중하게 선택할 필요가 있다는 것이다.

| 표 39 시도별 100세 이상 노인 분포 현황

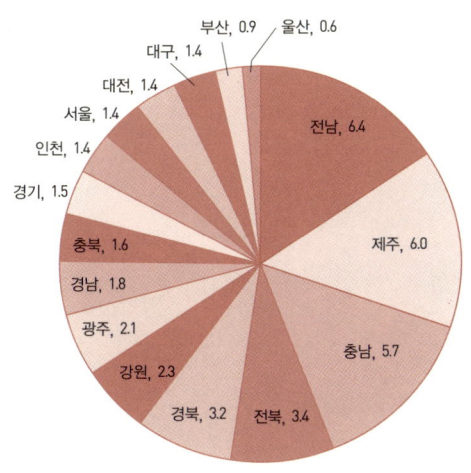

전남	116
제주	32
충남	107
전북	61
경북	84
강원	34
광주	29
경남	56
충북	23
경기	152
인천	35
서울	141
대전	20
대구	34
부산	31
울산	6

출처: 통계청 자료(2005)

이번에는 노인들의 자살충동 요인을 도시와 농촌으로 나누어 분석해 보자. 전체 비율에서는 두 곳이 큰 차이가 없었지만 도시 지역에서는 경제적 어려움이라는 요인이 농촌 지역보다 높았고 질병이나 장애, 외로움과 고독 그리고 가정불화 같은 요인들은 농촌 지역이 크게 높았다.

| 표 40 도농간 자살 충동요인

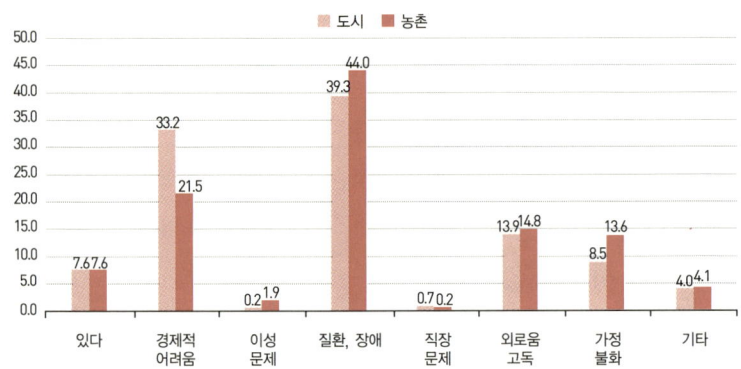

출처: 통계청 자료(2008)

다시 생각하는 은퇴 경제학 06

> 매혹적인 것보다, 지속적인 수입이 있는 것이 더 좋다.
> ―Oscar Wilde

40~50대의 은퇴소득을 위협하는 3가지 위험

40~50대들의 은퇴소득을 위협하는 3가지 요인으로 다음과 같은 것들이 있다.

1. 은퇴기간이 길어지는 것에 대한 위험
    - 은퇴의 시기는 앞당겨지고 수명은 연장되어 이로 인해 준비한 것 보다 오래 사는 위험
2. 가진 것이 너무 빨리 없어지는 위험

- 인플레이션 위험
- 투자 수익률이 물가 상승률을 따라가지 못해 자산 가치가 감소하는 위험
- 생각보다 높은 소비 수준. 즉 은퇴 전과 큰 차이가 없는 소비생활
- 부적절한 자산 투자
- 비전문적이고 잘못된 자산 배분으로 은퇴자금의 수익성 저하 및 치명적 자산 손실 초래

3. 장기 요양 위험
- 건강 이상으로 장기 요양 비용을 충분히 지급할 수 없는 위험

위와 같은 위험 요인들은 언제나 그리고 누구에게나 찾아올 수 있는 것들이므로 이에 대한 준비를 해 두어야 안전한 은퇴생활을 영위해 나갈 수 있다.

노후자금 준비의 현황

2009년 기준으로 우리나라의 18세 이상 국민 중 노후 생활을 위한 경제적 준비를 하고 있는 비율은 남자는 71.6%, 여자는 61.2%였고 전체는 66.3%로 나타났다. 노후 자금 준비 방법으로는 국민연금이 37%로 가장 많았고 예적금과 사적 연금이 그 다음

이었다. 또 남자는 국민연금으로 준비하는 비율이 높았고 여자는 예적금으로 준비하는 비율이 가장 높았다. 가장 안정적인 노후자금 모델이 될 수 있는 공적 연금으로 노후 준비를 하는 비율은 전체의 44.1%였다. 나머지는 사적 준비 방법이었다. 주식이나 채권으로 은퇴준비를 하는 비율은 다른 준비 방식에 비해 많이 낮았다.

| 표 41 연령별 노후자금 준비 방법

	준비하고 (되고) 있음	국민연금	기타 공적 연금	사적 연금	퇴직금	예금, 적금, 저축성 보험	부동산 운용	주식, 채권 등
30~39세	80.2	34.9	6.4	24.6	3.4	25.3	4.1	1.4
40~49세	81.7	37.1	7.4	22.9	3.6	23.2	4.9	0.9
50~59세	75.5	38.2	7.3	17.7	4.2	24.1	7.7	0.7
60세 이상	46.7	32.3	10.2	13	3.5	27.9	12.1	0.4
65세 이상	39	29.6	11.4	11.5	4.1	28	14.8	0.3

연령별 준비 비율에서는 40대가 가장 높은 비율을 보였고 그다음이 30대와 50대 순이었다. 현재 은퇴생활을 하고 있거나 앞두고 있는 60대 이상에서의 은퇴준비는 46.7%에 불과하여 그 문제의 심각성을 알 수 있다.

준비 방식에서 가장 높은 비율을 보인 국민연금은 50대가 가장 많이 활용하고 있고 그 다음으로 40대, 30대 순이었다. 기타 공적 연금은 연령이 높을수록 가입률이 높았고 반대로 사적 연금은 젊은 연령층에서 더 많이 가입하고 있었다. 예적금을 이용한 은퇴 준비는 30대를 제외하고는 연령이 높을수록 가입이 많았고 부동산은 연령이 높을수록, 위험도가 높은 투자 자산의 경우에는 젊은 층이 더 선호하는 경향을 보였다.

| 표 42 학력별 노후준비 방법

	준비하고 (되고) 있음	국민 연금	기타 공적 연금	사적 연금	퇴직금	예금, 적금, 저축성 보험	부동산 운용	주식, 채권 등
초졸 이하	39.4	38.2	4.2	14.6	1.5	32.1	8.3	0.4
중졸	59.9	42.5	3.3	16.9	3.7	26.6	6.3	0.5
고졸	64.6	39.3	4.6	21.8	3.2	25.7	4.8	0.6
대졸 이상	83	33.4	11	20.5	4.1	23.8	5.7	1.4

학력별로는 초졸 이하와 대졸 이상의 준비 정도가 39.4%와 83%로 두 배 이상 차이가 났으며 학력이 높을수록 준비 정도가 높았다. 개인적 가입 의지에 따라 가입이 결정되는 사적 연금은 고학력일수록 더 높았고 가입이 강제성을 띤 공적 연금은 중졸 이상의 학력에서는 학력이 높을수록 가입률은 오히려 낮아 지는 추세를 보여 공적 연금에 대한 불신이 존재함을 알 수 있었다.

| 표 43 직업별 노후준비 방법

	준비하고 (되고) 있음	국민 연금	기타 공적 연금	사적 연금	퇴직금	예금, 적금, 저축성 보험	부동산 운용	주식, 채권 등
광공업	92.9	56.2	0.6	16.6	3.8	19.1	3.1	0.7
사회간접자본,기타 서비스업	85.4	41	8.2	19.1	3.3	23.1	4.4	0.7
전문관리	91	36.7	11.7	19.4	4.1	20.1	6.5	1.3
사무	95.2	41.8	11.5	17.4	3.9	21	3.7	0.5
서비스판매	79.8	38.4	3.1	23.8	2.1	27.9	4	0.7
농어업	52.1	38.6	2.6	17	0.8	33.6	6.6	0
기능노무	83.4	55.9	1.4	15.3	3.3	20.9	2.6	0.4

직업별로는 사무직과 전문 관리직이 높은 준비율을 보였으며 광공업에 종사하고 있는 경우와 기능 노무직 종사자들의 준비율이 높았다. 반면 농어업 종사자는 52.1%로 매우 낮았다. 준비 방식에서는 기능 노무직과 광공업 종사자들은 국민연금에 대한 가입이 상대적으로 높았고 기타 공적 연금은 전문 관리직과 사무직이 가장 많이 준비하는 방식이었다. 서비스업 종사자들은 공적 연금의 준비 부족을 사적 연금으로 준비하고 있는 것으로 나타났다.

| 표 44 결혼 형태별 노후준비 방법

	준비하고 (되고) 있음	국민 연금	기타 공적 연금	사적 연금	퇴직금	예금, 적금, 저축성 보험	부동산 운용	주식, 채권 등
미혼	48.1	46.7	4.5	15.3	2.1	29.1	1.3	0.9
배우자있음	76	34.5	7.9	21.3	3.9	24.9	6.5	0.9
사별	35.5	37.2	6.2	18.2	1.3	27.7	8.7	0.1
이혼	63.2	48.4	2.6	18.6	2.3	23	3.9	1.3

결혼 형태별로는 배우자가 있는 경우에 준비 정도가 높았고 그 다음이 이혼자, 그리고 미혼자, 사별 순으로 나타났다. 배우자와 사별한 경우에는 이혼이나 미혼보다 은퇴준비에 있어서 매우 취약한 것을 알 수 있다. 은퇴준비를 함에 있어 대부분의 경우 배우자가 오래 생존하는 위험에 대해서만 생각을 하는 경향이 있는데 사실은 배우자의 사망으로 홀로 남게 되는 경우의 은퇴준비가 훨씬 더 중요하다는 사실을 간과하고 있는 경우가 많다는 것을 알 수 있다.

준비 방식에서는 홀로 은퇴생활을 보낼 가능성이 매우 높은 이혼과 미혼의 경우에 국민연금 가입률이 매우 높았는데 이는 매우 합리적인 행동으로 보인다.

| 표 45 취업 형태별 노후준비 방법

	준비하고 (되고) 있음	국민연금	기타 공적 연금	사적 연금	퇴직금	예금, 적금, 저축성 보험	부동산 운용	주식, 채권 등
취업	83.8	43.7	6.5	18.6	3.3	22.8	4.3	0.7
실업 및 비경제활동	40.9	17	8.9	24.7	3.9	33.9	9.9	1.4
임금봉급 생활자	89.6	46.1	8.3	16.5	4.2	21.1	3.1	0.6
고용주	89.3	34.8	1.6	26.5	0.6	24.3	10.2	1.8
자영자	69	42.2	1.6	21.6	0.8	26.5	6.4	0.6

취업 형태별로 은퇴준비 상황을 살펴보면 임금 급여 생활자와 고용주들은 준비가 잘 되어 있으나 자영업자는 상대적으로 준비율이 낮았고 취업자와 실업자의 은퇴준비 정도는 두 배 이상 차이가 났다. 실업이나 비경제활동자들의 경우에는 현재 생활도 수입 부재로 인한 어려움을 겪고 있지만 은퇴 후의 미래는 더더욱 불안할 수밖에 없다는 것을 보여주고 있다.

| 표 46 | 가구 소득별 노후 준비 방법

가구 소득	준비하고 (되고) 있음	국민 연금	기타 공적 연금	사적 연금	퇴직금	예금, 적금, 저축성 보험	부동산 운용	주식, 채권 등
50만원 미만	20.8	48.2	5.6	14	2.1	22.7	5.7	0.6
50~100만원 미만	43.6	39.3	3.7	14.3	23	1.9	7.3	0.8
100~200만원 미만	63.4	43.1	4.1	17	2.6	28.1	4.4	0.5
200~300만원 미만	72.7	39.2	62	1.7	3.5	24.4	4.4	0.6
300~400만원 미만	76.6	35.8	7.9	21.5	3.9	24.9	5	0.9
400~500만원 미만	80	32.4	9.9	22.2	5.1	23.6	5.8	0.8
500~600만원 미만	80.9	27.5	12.2	23	4.4	22.9	8.4	1.4
600만원 이상	79	24.6	12.8	21.6	2.7	24.6	11	2.5

당연한 결과이겠지만 가구 소득이 높을수록 노후 준비를 잘 하고 있었고 국민연금은 저소득층일수록 의존도가 높았다. 기타 공적 연금과 사적 연금은 소득이 높을수록 가입률이 높아 경제적인 여유가 자발적인 노후 준비에 영향을 미친다는 것을 알 수 있다. 가구 소득이 50~100만원 사이의 가구는 예적금으로 노후 준비를 하는 비율이 상대적으로 높았고 부동산이나 투자 자산으로 노후 준비를 하는 비율도 소득과 비례해 높아지는 것을 알 수 있다. 결국 노후 준비는 경제적으로 여유가 있어야 가능하다는 것을 보여주고 있는데 실제 노후 자금이 많이 부족할 것으로 예상되는 저소득 가구의 경우는 노후 준비에 심각한 문제를 안고 있음을 보여준다.

| 표 47 노후 준비를 하고 있지 않는 이유

	아직 준비없음	아직 생각하고 있지 않음	앞으로 준비할 계획임	준비 능력 부족	자녀에게 의탁
계	33.7	16.6	32.6	38.9	12
남자	28.4	20	35.7	36.6	7.7
여자	38.8	14.2	30.4	40.4	14.9
30~39세	19.8	14.2	58.2	27.4	0.2
40~49세	18.3	9.3	48.1	42	0.6
50~59세	24.5	5.6	30.2	57.7	6.5
60세 이상	53.3	3.15	5	5.9	36.1
65세 이상	61	2.6	3.5	54.4	39.5
초졸 이하	60.6	4	8.6	55.6	31.8
중졸	40.1	13.6	21.7	54	10.8
고졸	35.4	24.4	42.1	30.5	3
대졸 이상	17	20.3	56.8	20.8	2.1

　현재 노후 준비를 하고 있지 않다고 한 응답자는 전체의 33.7% 였고 이들 중 32.6%는 향후에라도 준비를 하겠다고 했지만 2/3 에 해당되는 나머지 계층들은 아예 노후 준비를 포기하고 있다. 그 이유로는 준비 능력이 없다가 38.9%나 차지하고 있으며 이들 중 상당수가 자녀에게 의지하겠다고 한다. 성별로는 여자들이 38.8%로 노후준비가 되어 있지 않으며 연령대별로는 60대 이후 의 연령층들은 50% 이상이 노후 준비가 없는 것으로 나타났다. 학력이 낮을수록 노후 준비를 하지 않은 사람들이 많아 이들의 노후 생활은 매우 심각한 상황이 될 수 있음을 알 수 있다.

| 표 48 직업별 노후 준비 현황

	아직 준비없음	아직 생각하고 있지 않음	앞으로 준비할 계획임	준비 능력 부족	자녀에게 의탁
농림어업	47.6	11.2	24	46.9	18
광공업	7.1	10.4	56.4	30.3	2.9
사회간접자본, 기타서비스업	14.6	16.1	45.8	35.1	3.1
전문관리	9.2	0.8	59	17.6	2.5
사무	4.8	18.9	60.6	20.5	-
서비스판매	20.2	17.5	49.4	31.5	1.5
기능노무	16.6	10.7	35.6	48.1	5.7
취업	16.2	14.4	41	37.7	6.9
실업 및 비경제활동	59.1	17.4	29.2	39.3	14
임금봉급생활자	10.4	17.5	43.6	35.8	3.2
고용주	10.7	18.1	61.6	17	3.3
자영자	31	11.5	36.8	41.5	10.2

　직업별로도 농어업 종사자들은 거의 절반에 가까운 사람들이 노후 준비를 하고 있지 않은데 이는 자급자족 형태의 경제활동이 주를 이루는 직업적인 특성으로 볼 수 있다. 그 외의 현재 실업자와 서비스업 종사자, 그리고 자영업자들의 준비 부족 정도는 상대적으로 매우 높다. 이들 중 서비스업 종사자의 절반은 향후에 준비를 하겠다고 했지만 그 외의 직업 종사자들은 향후 준비에 대한 의지도 없어 매우 심각한 상황이다.

| 표 49 노후 준비 부족 사유

	아직 준비없음	아직 생각하고 있지 않음	앞으로 준비할 계획임	준비 능력 부족	자녀에게 의탁
30~39세・남자	14.8	14.2	58	27.5	0.3
30~39세・여자	25.2	14.2	58.3	27.3	0.1
40~49세・남자	14.9	9.4	48.4	41.3	0.9
40~49세・여자	21.8	9.3	47.8	42.5	0.4
50~59세・남자	17.4	5.7	32.5	58.3	3.5
50~59세・여자	31.7	5.5	28.9	57.3	8.2
60세이상・남자	40.6	4.4	6.8	59.5	29.3
60세이상・여자	62.9	2.5	4.1	54.1	39.4
65세이상・남자	48.5	3.6	4.8	58.4	33.2
65세이상・여자	69.6	2.1	2.8	52.6	42.5

연령대별로는 60대 이후의 준비 부족이 심각하며 연령이 높아질수록 자녀에게 의존하는 비율이 높아 자녀 세대까지도 이런 부담을 떠맡게 되어 노후 준비 부족의 악순환이 이어질 가능성이 매우 높다고 할 수 있다.

이상에서 살펴본 우리나라의 은퇴준비 상황을 요약하면 다음과 같다.

전체 국민의 66.3%가 은퇴준비를 하고 있고 남자가 여자보다 준비율이 높았으며 연령별로는 40대의 준비율이 가장 높았다.

준비 방식으로는 국민연금 등의 공적 연금으로 준비하는 비율이 개인연금 등의 사적 연금보다 높았고 학력이 높을수록, 소득이 높을수록, 사무직과 전문 관리직으로 갈수록 준비율이 높았다. 또 배우자가 있는 경우와 근로소득자들의 은퇴준비율이 높았다. 그러나 이렇게 상대적으로 높은 준비율을 보인 계층에 대해서도 이 조사가 은퇴준비에 대한 여부만을 확인한 것이지 준비의 적정성에 대한 내용을 조사한 것은 아니었기 때문에 이에 대한 분석은 새로운 접근이 필요할 것으로 보인다.

그러나 소득이 낮고, 농어업 등의 자영업에 종사하며, 학력이 낮고, 배우자를 사별하고 혼자 지내는 사람들의 경우 은퇴준비율이 매우 낮아 이들이 은퇴준비 문제가 심각한 것으로 나타났다. 특히 현재 노후 준비를 하고 있지 않다고 한 33.7%의 대상자들 중 2/3에 해당되는 계층들은 아예 노후 준비를 포기하고 있었다. 그 이유로는 준비 능력이 없다가 38.9%나 차지하고 있었으며 연령대별로는 60대 이후의 연령층들 50% 이상이 노후 준비가 없는 것으로 나타났다.

이에 대한 적절한 대책이 시급히 마련되지 않는다면 생계를 위한 은퇴소득을 요구하는 노인 세대와 공급을 해야 하는 젊은 세대와의 세대간 갈등이 조장되어 사회적 문제를 촉발하게 될 것이다.

이번에는 소득 대체율로 본 우리의 은퇴준비 상황을 살펴보자. 노년의 경제적인 수준을 측정하는 데에 소득 대체율이 중요한 지표가 될 수 있다. 소득 대체율이란 은퇴 전에 받던 소득과 은퇴 후 소득의 비율을 나타낸 것으로 이 비율이 높을수록 은퇴 전과 은퇴 후의 소득 격차가 작다는 것이고 소득 대체율이 100%를 넘으면 은퇴 전보다도 오히려 은퇴 후 소득이 더 많다는 것을 의미한다.

OECD에 따르면 평균 소득층의 소득 대체율이 큰 나라는 아이슬란드(90.2%), 네덜란드(88.3%), 룩셈부르크(88.1%) 등이며, OECD 평균(59.0%) 미만의 낮은 소득 대체율을 기록한 국가는 한국(42.1%), 일본(33.9%), 멕시코(36.1%) 등으로 나타났다. 이러한 소득 대체율이 낮은 나라들은 은퇴 후 소득 보장에 대한 장치가 그만큼 취약하다는 것이고 은퇴자들도 경제적인 문제를 해결하기 위한 다양한 노력을 해야 한다는 것을 의미한다. 이의 한 증거로 대체율이 낮은 한국, 일본, 멕시코의 경우, 노후 생활을 영위하는 데 필요한 연금액이 충분하지 않아 이의 보완을 위해 늦은 은퇴를 할 수밖에 없다는 사실을 들 수 있다.

| 표 50 국가별 소득 대체율

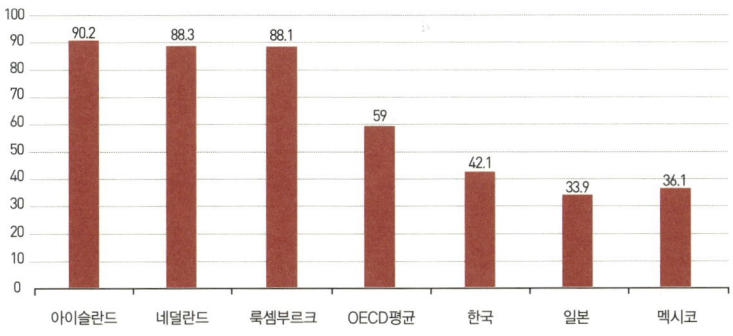

주: 예외적으로 그리스와 터키의 경우 소득 대체율이 95.7%, 86.9%로 높은 수준이지만, 실질적인 은퇴는 공식 은퇴연령 이후에 이루어지는 것으로 나타남.

또 은퇴 후 기대했던 소득과 은퇴 후 실제 소득을 보여주는 다른 자료를 비교해 보면 우리나라의 은퇴 전 소득 대비 은퇴 후 기대 소득은 62%이나 은퇴 후 실제 소득은 41%에 불과해 은퇴 전 소득의 절반도 안 되는 금액으로 생활하고 있음을 알 수 있다. 반면 영국과 독일, 미국은 실제 소득이 50%를 넘고 있었다.

그리고 대부분의 국가에서 은퇴 전 대비 은퇴 후에는 70% 전후의 소득을 기대하고 있었으며 특히 미국의 경우에는 은퇴 전 소득의 85% 정도를 기대하고 있었다.

이러한 기대 소득율은 은퇴 후 생활 수준에 대한 기대치를 보여주는 것으로 이것이 높을수록 은퇴 후 생활에 대한 기대치가 높다는 것을 의미한다. 그러나 가장 높은 실제 소득을 얻고 있는 미국의 경우에도 기대 소득과 실제 소득의 차이가 커서 은퇴자들의 은퇴 후 소득 만족도는 낮은 것으로 보이는데 결국 적절한 은퇴 소득이란 각자가 희망하는 기대 소득의 규모를 현실 가능한 범위 내에서 설정하든지 아니면 기대 소득만큼의 실제 소득이 보장 될 수 있도록 별도의 준비를 함으로써 실현되는 것이라 할 수 있다.

20세 이상 64세 미만의 인구가 65세 이상자를 부양하는 노인에 대한 부양비도 2010년 기준으로 조사 대상국 중 우리나라가 가장 높고 2050년에는 64%까지 도달하게 되는 것으로 나타났다.

| 표 51 노인 부양 비용 (20세 이상 64세 인구에 의한 65세 이상 노인 부양 비율)

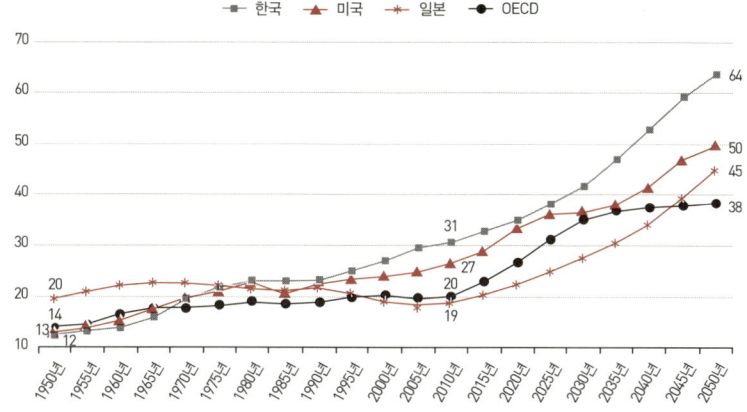

출처: Pensions at a Glance 2009: Retirement-Income Systems in OECD Countries – OECD

은퇴자들의 소득 현황

2008년 보건복지부 노인 실태조사 자료에 따르면 60세 이상 전체 노인의 월평균 소득은 69.0만 원(65세 이상 기준 58.4만 원)이고, 남성 노인의 소득 수준은 108.1만 원, 여성 노인은 40.0만 원이다. 이중 20~40만 원이 17.6%로 가장 많았고 다음이 40~60만 원 순이었다.

연령대별로 살펴본 소득원은 본인 부담과 근로소득의 비율이 연령이 높을수록 급속히 낮아지고 있고 연금이나 자녀 친지로부터의 지원과 자산소득으로 감당하는 비율들은 나이가 많아질수

| 표 52 노인 가구의 소득액 분포

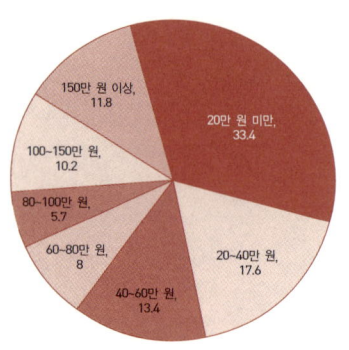

출처: 보건복지가족부 통계

| 표 53 연령대별 소득원 분류

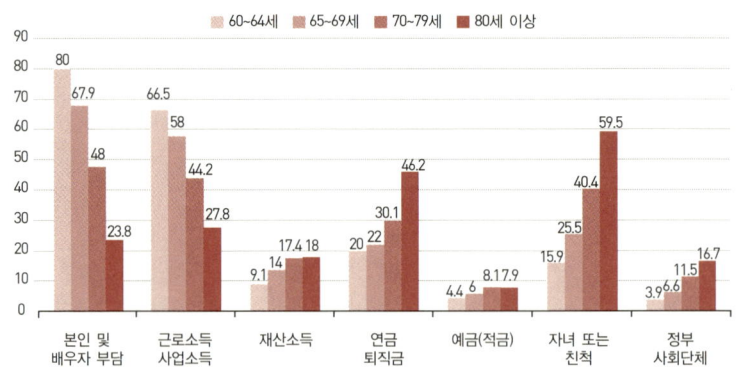

자료: 보건복지가족부

록 높아지고 있다. 이는 고연령층일수록 스스로의 노력보다는 축적된 자산이나 타인의 도움을 받고 있다는 것으로 자기 준비의 필요성을 잘 나타내고 있다고 볼 수 있다.

학력별로 분류한 은퇴소득원에서는 학력이 높을수록 본인 부담과 연금, 자산소득 등으로 충당하는 경우가 많았고 자녀나 친지에게 의존하는 비율은 학력이 낮을수록 높았다.

| 표 54 학력별 은퇴소득원 분류

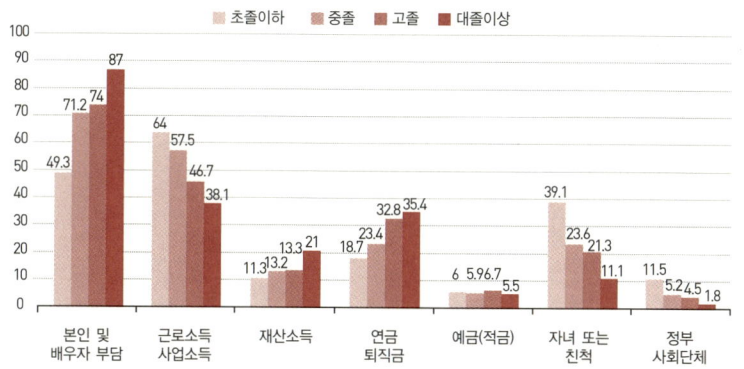

노인들이 원하는 소득원을 가족들이 제공해야 한다는 비율이 2002년에 비해 2006년에는 좀 낮아지긴 했지만 여전히 가장 높은 비율을 차지하고 있다. 그 중에서도 장남이 부담해야 한다는 비율은 큰 변화 없이 높아 아직도 장남에 대한 의존도가 매우 높다는 것을 알 수 있다. 아들딸 모두가 부담해야 한다는 비율은 2002년에 비해 2006년에 많이 높아졌으며 아들딸 구분 없이 유능한 자녀가 부담해야 한다는 비율이 그 다음을 이었다.

| 표 55 노인들이 희망하는 소득원 추이

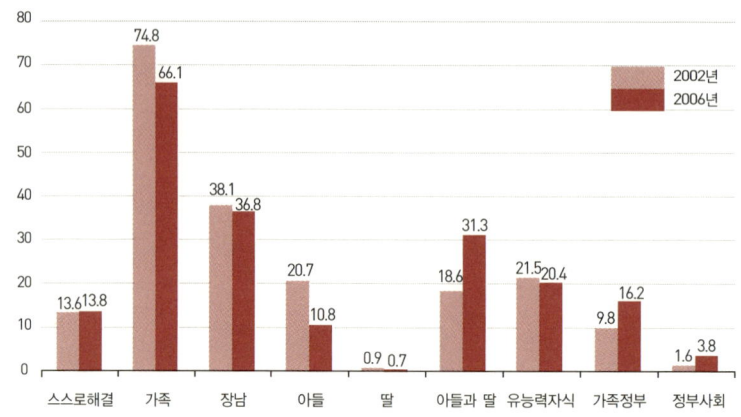

은퇴소득을 충당하는 방법

3층 보장론에 의한 방법

3층 보장론이란 은퇴소득을 1층 공적 연금과 2층 기업연금, 그리고 3층 개인연금으로 해결해야 한다는 이론이다. 이것에 대해 좀 더 구체적으로 살펴보자.

1층 보장 (사회보장제도 – 공적 연금) 먼저 공적 연금 제도는 국민연금과 공무원연금, 군인연금, 사학연금 등으로 구성되어 있는데 보장의 주체는 국가이며 보장의 기준 정도는 최저생계 수준을 보장하는 것으로 되어 있다. 은퇴소득이 갖추어야 할 매우 중요한 조건인 종신 지급 조건을 충족하고 있으며 물가상승률을 반영할 뿐 아니라 매월 현금으로 급여처럼 쓸 수 있어야 한다는 조건도 충족하는, 이론상 가장 완벽한 연금 제도가 바로 이 공적 연금이다. 그러나 이것들 중 국민연금은 재원의 부담 주체가 기업과 개인으로 되어 있어 정확한 의미에서의 사회보장제도라고 보기에는 무리가 있다. 그 외의 직역 연금들도 2층 보장과 관련된 기업보장의 성격들이 포함되어 있어 그 성격의 구분이 애매하다.

어쨌든 1층 보장 수단인 사회보장제도를 통해 은퇴소득을 해결하는 방식에는 두 가지가 있다. 국가가 많은 세금을 거둬 개인의 노후를 보장하는 유럽식 모델과 적은 세금을 내는 대신 노후를 스스로 책임지는 영미식 모델이 그것이다. 우리나라의 경우 스스로 준비해야 하는 영미식 모델에 가까운 형태를 띠고 있는데 많은 이들이 유럽식의 안정적인 모델로의 전환을 주장하고 있다. 하지만 쉽사리 결정될 문제는 아니다.

현재의 영미식 모델에서 탈피해 유럽식 모델로 전환하기 위해서는 대대적인 시스템 개편이 필요하다. 하지만 이를 위해서는 대규모의 재원이 추가로 필요하기 때문에 대폭적인 증세가 불가피하고 이는 커다란 현실적 문제를 야기한다. 따라서 이런 문제를 해결하기 위해서는 보다 확실한 개인책임주의로의 전환이 필요하다. 그러나 현재의 생활도 지탱하기 어려운 마당에 미래를 위해 추가적인 저축을 한다는 것은 저소득층에게는 너무 무리한 요구가 아닐 수 없다. 이들 저소득층은 가입이 강제되는 공적 연금은 어쩔 수 없이 유지하겠지만 이것마저도 보장의 범위가 좁고

제도가 안정적이지 못하다는 불안 요인을 안고 있다.

2층 보장 (기업 보장-퇴직 연금) 두 번째로 기업 보장의 수단이 되는 퇴직 연금은 우리나라에서는 2005년부터 시행되었는데 공적 연금 가입자를 제외한 직장인들을 대상으로 도입된 것이다. 여기에서 추구하는 보장 수준은 표준적인 생활을 지향한다. 그러나 전체 가입 대상자의 50% 미만 정도만이 가입하고 있다는 점과 직장인이 아니면 가입 할 수 없다는 점 등이 그 한계로 지적되고 있다.

미국의 경우에는 국가가 부담해야 하는 사회보장제도의 재원 규모가 너무 커지게 되자 많은 부분을 기업 보장에서 해결하도록 유도하기 위해 감세 제도를 운영하고 다양한 금융상품들을 개발했지만 기업들의 입장에서는 여전히 이것들을 경영상의 큰 부담으로 인식하고 있다.

3층 보장 (개인 보장-개인연금) 그리고 개인 스스로 자신이 원하는 풍족한 노후를 보장 받기 위해 자율적으로 가입하는 개인연금은 우리나라에서는 1994년부터 도입되었다. 개인의 의도나 노력으로 준비할 수 있는 유일한 보장 수단이 바로 이 개인연금 제도이다. 또한 개인연금은 3층 보장 중 공적 연금의 미비점을 보완할 수 있는 유일한 대안이기도 하다.

개인연금에 가입할 때는 가급적이면 종신형을 선택하는 것이 좋으며 물가상승률을 감당할 수 있고 적절한 투자 수익이 유지되는 상품으로 선택하는 것도 중요하다. 과거에는 은퇴자산은 무조건 안정적으로 운용해야 한다는 생각들이 많았지만 은퇴생활 기간이 길어지고 여기에 대한 적절한 인플레 헷지 기능을 갖지 않으면 장래에는 생활의 수준이 나빠질 수밖에 없다는 생각들이 확산되면서부터 투자 수익에 주목하는 경향이 커지게 되었다. 그리고 은퇴설계 시에 예상한 것보다 오래 살게 되는 예기치 않은 사태가 빈번히 발생하면서 어느 정도의 위험을 감수하고서라도 투자 수익률을 높여야 한다는 생각이 확산되었다.

하지만 개인이 이러한 투자 수익을 유지하기는 쉽지 않기 때문에 이러한 자산을 운용하는 전문가들에게 의뢰하거나 투자 목적에 맞는 적절한 상품을 선택하는 것이 필요하다. 세계적인 금융위기로 자산의 급격한 감소를 경험하게 되자 금융기관에서는 은퇴생활자 및 예비 은퇴자들의 수익률 보전이라는 이해관계에 부응할 수 있는 상품들을 개발해 출시하고 있으므로 신중하게 이런 상품들을 선택할 필요가 있다.

그리고 은퇴자산은 흔히 말하는 10억 20억 하는 식의 큰 금액 중심으로 준비하기보다는 향후 희망하는 적절한 타이밍에 불편 없이 사용할 수 있도록 현금흐름 중심으로 준비하는 것이 더 중요하다. 마치 은퇴 후에도 현재의 급여와 같은 기능을 할 수 있는 상품을 선택하는 것이 현명한 은퇴준비가 된다. 생명보험사의 상품들이 대체로 이런 요건에 가장 적합한 기능을 갖추고 있으나 이 상품들은 꼭 보험사가 아니더라도 다양한 경로로 가입이 가능하다.

그러나 이 역시 경제적 여력이 있어야 가능하다는 문제가 상존하고 있다. 따라서 이러한 3층 보장에 의한 노후 준비는 완벽할 수 없고 설혹 이 제도대로 된다고 하더라도 소득 대체율이 기대 소득 대체율과는 차이가 날 수가 있기 때문에 새로운 대안을 준비해야 할 필요가 생기는 것이다.

우리나라의 경우 그나마 잘 준비한 사람들의 은퇴준비 모델이 이런 3층 보장의 형태이고 또 이것을 은퇴준비의 전부라고 생각하는 사람이 많은 현실이니 우리 사회의 은퇴준비는 여전히 많은 문제점을 안고 있다고 할 것이다.

4층 보장론에 의한 방법

기존의 3층 보장론에 이어 새로운 보장 이론이 등장했는데 그것이 바로 4층 보장론이다. 3층 보장으로 채울 수 없는 나머지를 근로소득으로 채운다는 것이다. 3층 보장론으로 노후 생활을 지탱하기 위해서는 소득 부족에 따른 근로가 필요한데 이를 노후 소득원으로 보고 준비한다는 것이다. 근로소득은 노후 소득원으로 매우 매력적인 소득원이다. 단 은퇴생활에서 일을 어떻게 받아들이는가에 대한 사고의 문제와 어떤 일을 얼마나 할 것인가에 대한 문제가 남게 된다. 은퇴와 일은 동전의 양면처럼 보인다. 그러나 은퇴에 대한 적극적인 생각들이 점차 늘어나 은퇴 후에도 일을 하는 것을 당연하게 생각하는 이들이 많아졌을 뿐 아니라 아예 은퇴 없는 노후를 주장하는 사례도 생겨났다. 이런 관점에서 일을 받아들인다면 은퇴소득을 포함한 여러 가지 은퇴문제를 해결하는 데 있어서 마술봉 하나를 얻은 것과 같은 효과가 있다.

5층 보장론에 의한 방법

5층 보장론은 자산 소득에 의해 추가적으로 은퇴소득원을 삼는다는 이론이다. 즉 추가적인 연금 확보와 부동산에 의해 소득을 올릴 수 있는 방법을 말한다.

은퇴소득은 다음과 같은 요건들을 충족시켜야 하는데 우선 종신 지급형이어야 한다. 생명이 다하기 전까지는 소득원이 유지될 필요가 있다는 말이다. 그래서 가장 멋진 은퇴설계는 자신의 장례식 비용으로 지불한 수표가 부도처리되는 것이라고 하는 유머까지 생겨난 것이다.

은퇴생활에서의 가장 큰 비극은 애초의 은퇴설계에서 예측한 것보다 더 오래 산다는 것인데 따라서 은퇴소득과 관련해서는 반드시 고려되어야 할 것들이 있다.

첫째 예측한 여명 기간보다 더 오래 살 수 있다는 것을 감안하여 은퇴소득은 반드시 여유 있게 준비가 되어 있어야 한다는 것. 이런 필요성을 제도적으로 충족시켜 주는 것이 바로 연금의 종신형 지급 방식이다.

둘째, 마련된 은퇴자금이 물가상승률을 감당할 수 있어야 한다는 것. 은퇴생활 기간은 장기간이라서 이 기간 동안 물가의 상승은 필수적이다. 이런 물가상승에 대해 충분한 대비를 하지 않은 상태에서 매년 정해진 금액의 은퇴자금으로 생활을 하게 되면 물가가 오르는 것만큼 생활 수준이 떨어지는 것을 감수해야 하므로 이에 대한 대비가 있어야 한다.

셋째 총액보다는 현금흐름 중심으로 준비하라는 것이다. 많은 이들이 은퇴준비를 위한 자금을 이야기할 때 총액 기준으로 말한다. 그러나 이런 총액보다는 은퇴생활에서 필요한 때에 필요한 자금을 활용할 수 있도록 안정적인 현금흐름이 나오는 방식이 훨씬 바람직하다. 예를 들어 일시금을 은행에 넣어놓고 필요한 금액만큼 원금과 이자를 찾아서 생활해야 하는 경우와 원금과 상관없이 종신토록 정해진 금액만큼을 물가상승률을 감안해서 매월 지급받는 경우를 두고 어떤 방식을 선택하는 것이 더 효과적인가를 생각해 보면 된다. 앞의 방식은 높은 이자를 주는 상품을 찾아 투자해야 하고 원금이 줄어드는 것에 대한 불안감으로 생활은 매우 소극적이고 불안하게 유지되기 쉽다. 반면 뒤의 경우는 큰 변화를 추구하기는 어려울지 모르나 안정적이고 적극적인 생활을 영위할 수 있다. 이런 제반 문제를 원천적으로 해결해 주는 가장 이상적인 수단이 사실은 근로소득의 확보이다. 그리고 또 하나의 안전장치가 연금 소득인데 그 중에서도 공적 연금은 이런 요소가 잘 반영된 수단이다. 종신 지급형인데다 물가상승률을 반영하여 매월 지급하는 형태이기 때문이다. 그러나 공적 연금은 아무나가 가입할 수도 없고 또 가입조건에 제한이 많아 원하는 사람이 원하는 만큼을 가입할 수 없는 데다 또 제도 자체가 아직은 불안하다는 문제점을 안고 있다. 이런 문제점을 보완하기 위한 추가적인 장치가 개인연금 상품들이다. 개인연금 상품은 가입을 원하는 사람들이 자신의 능력 범위 내에서 자유롭게 가입할 수 있고 자기부담 방식이기 때문에 제도적인 위험도 상대적으로 낮다. 그러나 지급 기간이 완전한 종신형은 아니고 또 물가상승률을 완벽히 반영하지는 못해 공적 연금제도에 비해서는 다소 탄력적이지 못하다는 단점이 있다.

주택 활용하기

다음으로 부동산 자산에 의해 은퇴소득을 확보하는 것에 대해서 생각해 보자. 변변한 은퇴자산이 살고 있는 집 한 채가 전부인 경우가 대부분인 우리나라의 40~50대들 입장에서는 주택에 대한 생각도 다시 정리를 해볼 필요가 있다.

은퇴생활 기간 동안 처음 예측한 것보다 더 많은 자금이 필요할 수도 있고 경우에 따라 근로소득이 줄어들 가능성도 있다. 이에 대비하기 위해 주택을 이용하여 은퇴자금으로 활용하는 역모기지 등도 검토해 보아야 한다. 집 한 채는 자녀들에게 물려주어야 한다는 사고 때문에 자식들 눈치 보며 궁핍한 생활로 힘들게 사는 것보다는 손자, 손녀들에게 용돈이라도 줄 수 있고 자식들에게 손 벌리지 않고 떳떳하고 자신 있는 모습으로 후반부 인생을 사는 멋진 부모로 기억되는 것이 더 바람직하다. 주택이라는 자원을 은퇴자산으로 활용하는 것은 40~50대에게 가장 현실적인 은퇴준비 대안이 될 수 있으므로 외국인을 위한 홈스테이부터 홈 비즈니스의 본부, 역모기지 등으로 활용할 계획을 세우는 것이 5층 보장론의 또 다른 실천방식이 된다. '부자로 사는 것은 좋지만 부자로 죽는 것은 어리석다'는 말을 새겨 볼 필요가 있다. 역모기지론은 부부를 위한 보장이 가능하기 때문에 혼자 남겨진 배우자에 대한 안전장치가 될 수 있는 장점도 있다. 종신형 역모기지는 부부 중 계약한 사람이 먼저 사망해도 남은 배우자가 사망할 때까지 해당 주택에 살면서 전과 같이 대출금을 매달 받는 구조인데 5년마다 집값을 재평가해 오른 만큼 월 수령액을 더 늘릴 수도 있다.

투자 사기 피하기

은퇴자산은 별도의 소득이 없거나 크지 않은 상태에서 여생을 보내는 데 필요한 소중한 종자돈이다. 따라서 그 무엇보다 안전하게 지켜져야 하지만 의외로 사기나 잘못된 투자로 큰 피해를 입는 사례들이 발생하고 있다. 최근 미국 금융투자협회에서 금융 사기에 대한 현황과 대책을 발표한 것들이 있는데 우리나라에서도 은퇴를 앞둔 많은 이들이 참고할 만한 자료로 판단된다.

금융 사기 현황을 보면 미국인 중 10% 이상이 매년 금융 사기를 당하고 있는데 피해자들은 개인당 연간 2천만 원 전후의 금액을 사기 당한다고 한다. 연령은 55~65세 이상자로 성별은 남자들이, 학력은 대졸 이상 고학력자들이 주된 피해자였다. 이들은 상대적으로 투자에 대해 풍부한 지식을 보유하고 있고 재무상태 또한 양호한 사람들인데 아이러니하게도 이들이 주로 금융 사기의 먹잇감이 된다고 한다.

미국에서 보고된 투자 사기의 주된 패턴은 다음과 같다.

- 크건 작건 간에 피해자의 욕심을 자극한다. 큰 수익률을 제시하기도 하지만 더러 아주 소박한 목표를 제시해 믿게 만든다. 하지만 결국 따지고 보면 과욕이 원인인 것이다.
- 전혀 사기꾼 티를 내지 않는다. 특히 종교를 악용하는데 첫 통화 시 15분간 기도만 하며 중요한 의사결정을 할 때는 신의 도움이 필요하다고 배웠다고 하면서 피해자를 현혹시킨다.
- 때로 파격적인 제안을 한다. 상상할 수 없는 이익을 보장한다고 떠벌여 피해자의 욕망을 자극한다.
- 신뢰감 있는 사람을 끌어들인다. 사회적 명성이 있는 주변의 믿을 만한 사람을 끌어들인다는 것이다.
- 공감대 형성. 여러 사람들을 거론해서 여럿이 하는 것이라 안전하다는 믿음을 준다.
- 터무니없는 호의를 베푼다. 피해자로부터 작은 호의를 받았을 때를 기회로 삼아 턱없이 큰 보답을 하여 상대를 현혹시킨다.
- 희소성을 강조한다. 마감 임박이나 선착순이라면서 그것을 매우 가치 있는 것으로 포장한다.

이런 사기 피해를 예방하려면 다음과 같은 방법을 사용하면 효과적이다.

- 최선의 방어는 질문이다. 상식적인 지식은 스스로 갖추어야 하고 지나치게 높은 수익률이나 이해하기 어려운 상품에 대해서는 충분히 질문하라. 미심쩍은 부분을 결코 남겨두지 말고 완전히 이해될 때까지 질문하고 판단하라. 사기꾼들은 질문을 싫어한다.
- 평소 자신의 취약점을 인정하라. 세상에 공짜 점심은 없다. 스스로의 한계를 명확히 인식하고 욕심에 의해 마음이 흔들리는 것은 아닌지 스스로에게 반문하라.
- 상품 허가 여부, 판매인 자격, 사업 허가 여부를 반드시 확인하라.

RETIREMENT
ECONOMICS

부록

행복한 은퇴생활을
꾸려가는 사람들

1. 뚝심 있게 꿈을 밀고나간 부부
— 아내뜨의 윤석영, 박정림 부부

강원도 홍천군 내면 방내리. 서울에서 영동고속도로를 타고 3시간 이상 걸리던 곳이 경춘고속도로의 개통으로 2시간이면 갈 수 있게 가까워진 곳이다. 하지만 그렇다고는 해도 이곳에 도착하려면 꼭 구불구불 이어진 높은 산 고개 하나는 넘어야 한다.

해발 600여 미터, 네비게이터가 알려주는 마지막 도로에서부터 지도상에서는 끊어진 산속 길을 따라 한참을 들어가면 갑자기 눈앞에 동화 속 궁궐 같은 전경이 펼쳐진다. 이곳에 아내뜨가 있다. 휴대폰도 안 터지고 가장 가까운 이웃과도 꽤 멀리 홀로 떨어져 위로 보이는 것은 하늘 밖에 없고 주변 모두가 산으로 둘러싸인 곳에 이런 건물이 있을 것이라고는 상상조차 할 수 없을 정도로 경이로운 광경이다.

이곳이 바로 윤석영, 박정림 씨 부부가 운영하는 '아름다운 내

일의 뜨락'(아내뜨)이라는 음악인들을 위한 뮤직하우스이다. 자녀들의 음악 공부 때문에 7년간의 독일 생활을 마치고 귀국해서 부부가 땅을 구입하여 설계는 물론 건축자재 하나하나까지를 직접 조달해 만든 공간이다. 하지만 아직도 완성된 것은 아니다. 앞으로도 계속 추가로 지어야 할, 그래서 그들의 꿈은 여전히 진행형이다.

  이 공간은 200명이 동시에 음악 공연 실황을 감상할 수 있는 음악 홀과 소규모의 50인 음악 홀, 그리고 야외 음악당과 50명이 동시에 숙박이 가능한 유럽풍의 숙소들로 구성되어 있다. 2008년부터 합류한 조카 부부가 함께 이곳을 운영하고 있다.

  이미 음악인들 사이에서는 며칠씩 파묻혀 음악 레슨을 할 수 있는 '음악 캠프' 장소로 이름이 나 있다. 여름이면 여기저기에서 연

주소리가 들리고, 음악을 공부하는 학생들의 작은 음악회가 수시로 열린다.

영문학을 전공한 후 10년 동안 증권회사에 다녔던 윤석영 씨는 사람을 좋아하고 자기 말대로 '화류계 생활'에 통달한 한량으로 30대를 보냈다. 부인인 박정림 씨도 전형적인 강남아줌마였는데 음악공부를 하고 있던 열한 살짜리 큰 딸의 재능을 보고 제대로 가르치고 싶다는 열망으로 독일로 향했다. 그리고 세계 최고의 바이올린 선생인 독일 뤼베크 음대의 자카르 브론 교수가 이들의 인생을 바꾸어 놓았다. 열한 살짜리를 혼자 보낼 수 없어 온가족이 떠났던 독일 생활에서 윤석영 씨는 종전의 자기 중심적 생활에서 가족 중심형 남편으로 완전히 바뀌었다. 7년간 독일에 머물면서 가족들과 함께 유럽 곳곳을 여행하고 시간만 나면 클래식에 빠져들었다.

　2002년 귀국을 앞두고 어디에서 생활할까를 고민하던 윤 씨는 종전과는 다른 생활을 계획했고 그때 떠오른 게 독일이나 유럽의 작은 마을에서 열리는 음악회였다. 유럽에서는 세계적인 음악가와 학생들이 음악에만 몰두할 수 있는 작은 마을을 찾아 음악 캠프를 했는데, 캠프가 끝날 때쯤 그곳 성당이나 교회를 빌려 음악회를 열었다. 마을 사람들이 정성껏 치장하고 와서 같이 어우러지던 마을 음악회. 윤 씨는 그런 곳을 한국에도 만들고 싶었다. 그런 자신의 생각을 부인에게 설명했다. 도시 생활밖에 몰랐던 부인도 윤 씨의 설득에 동의했고 자신들이 가야할 곳의 기준을 정했다. 사람의 건강에 가장 좋다는 해발 600m 정도에 위치해 있으면서 진입로가 마을을 통과하지 않을 정도로 마을과 동떨어져 있을 것, 물 맑은 계곡을 끼고 있을 것 등이었다. 마음에 드는 땅을 찾아 전국 각지와 인터넷을 뒤지고 발품을 팔던 부부가 마침내 찾아 낸 곳이 현재 아내뜨가 있는 곳이었다.

　땅주인의 마음이 변해 땅을 안 팔려고 하면 어쩌나 하는 걱정부터 했을 정도로 이 땅이 마음에 들었던 부부는 첫 주인에게 5,000평을 사들인 후 차츰차츰 넓혀 부지 2만 평을 확보하고, 집도 한 채 한 채 지어 나갔다.

　음악 홀은 농가 창고를 개조한 유럽 시골 마을의 음악 홀을 떠올리며 만들었다. 마을 사람들이 함께 즐기는 음악회로 만들겠다는 원래 꿈은 음악회를 구경도 못해 본 산골 학교 아이들과 면사

무소, 경찰서의 공무원들, 가까운 마을 사람들을 초청해 '음악적 경험'을 안겨주면서 조금씩 실현되고 있다.

서울 강남의 집을 팔아 강원도 깊은 산골로 들어온 부부. 그들은 지금의 삶에 얼마나 만족할까?

"서울 도곡동에 타워 팰리스가 생길 때 그곳으로 들어간 친구들이 많아요. 유리벽으로 차단된 초고층 건물에 사는 그들을 보고 '거저 줘도 안 산다'고 했지만, 그곳 가격이 치솟을 때는 '내가 잘못한 건가?' 하는 생각이 들기도 했지요. 그런데 요즘은 그런 생각 안 해요. 사람이 가장 많이 접하는 게 공기, 물 아닌가요? 그런 면에서 저희는 최상의 삶을 사는 거지요. 최고의 공기와 물, 먹을거리, 거기에 음악이라는 정신적 호사까지 육체적·정신적으로 최고의 호사를 누리고 있는 셈이니까요."

박정림 씨는 그것을 "육체의 한계를 느낄 만큼 노동을 해야 얻어지는 호사"라고 한다. 그래서 윤 씨의 별명은 '마당쇠', 박 씨의 별명은 '곤죽이 된 공주'라는 의미로 '곤주'가 됐다. 직접 재배한 콩과 산골의 청정한 물로 두부와 된장, 고추장, 간장, 청국장까지 만들고, 산에 지천으로 널린 도토리를 주워 묵을 쑨다. 간혹 이 근처를 지나다가 갑자기 들르게 될 경우, 일층 카페에서 차 이외의 음식은 대접받지 못하는데 그 까닭은 이곳 음식들은 모두 수작업을 거쳐 만드는 것이라 사전에 예약을 받은 때에만 그때그때 만들어 내기 때문이다.

산에서 해온 나물을 큰 가마솥에 삶아 말려서 사시사철 먹을 나물을 준비하고, 산당귀, 땅두릅, 겨우살이, 산작약, 산취, 오갈피 등 온갖 약초들로 차를 끓인다. 사전에 예약을 하고 이곳을 방문해 보면 산채나물에 비지찌개, 도토리묵, 샐러드 등 이들이 직접 기르거나 거둔 재료들로 만든 '최고의 음식'으로 점심을 먹은 후, 향긋하고 달콤한 약초차로 입가심도 할 수 있다. 빵도 유기농 밀로 직접 만들고 치즈와 잼도 직접 만들며 화학 조미료는 전혀 쓰지 않고 식단을 짜기 때문에 한번 식사를 해 보면 그 깔끔함과 신선함을 충분히 느낄 수 있다.

주인장 윤석영 씨와 내 친구가 잘 아는 사이여서 우연히 방문하게 된 이곳이 너무나도 내 마음에 쏙 들어서 나는 연구소에서 진행하는 부부 은퇴설계 워크숍을 줄곧 여기서 진행하고 있다. 참석자들도 처음에는 길도 너무 멀고 길을 찾기도 어렵다고 생각하다가 이곳에 당도하는 순간부터 그런 불만은 흔적도 없이 사라지고 아내뜨가 주는 공간적인 감동과 이곳 주인 부부의 은퇴생활 사례에서 얻는 감동에 빠져들었다. 그리고 이런 감동이 워크숍을 더 의미 있게 만들곤 했다.

이곳에서는 항상 클래식 음악이 흘러나온다. 마치 영화 〈쇼생크 탈출〉에서 주인공이 교도소 전체에 아름다운 아리아의 선율이 울려 퍼지도록 했던 그 장면과 크게 다르지 않다. 오직 새소리와 물소리 밖에 없는 넓은 공간에 울려 퍼지는 아름다운 선율을 따라가다 보면 자연이 펼치는 특별한 콘서트라는 느낌을 받게 된다.

여기를 방문해 보면 아무도 없을 때가 많다. 그런데 얼마 되지 않아 주인장이 나타난다. 특별히 도시에 나갈 때를 제외하고는 언제나 이곳을 지키면서 시간이 나는 대로 산에 올라가서 부엽토며 약초며 산나물 등을 채취하는 일을 하다가 모르는 차가 들어오면 그때야 비로소 내려와서 손님을 맞이하기 때문이다. 아침 일찍부터 그날 해야 할 일들을 서로서로 알아서 진행하고 아주 큰일이 아닌 다음에는 모든 일들을 스스로의 육체적인 노동으로 해결하기 때문에 피곤하기도 하고 TV도 거의 보지 않아서 일찍 잠자리에 들고 일찍 일어나는 규칙적인 생활들을 하고 있다.

아내뜨의 윤석영, 박정림 부부의 사례는 자기가 정말 원했던 생활을 남보다 좀 더 일찍부터 준비하고 실행에 옮겨서 본인들뿐만 아니라 지역사회와 그들 주변의 모든 사람들에게 긍정적인 영향을 미치는 성공적인 은퇴생활의 대표적인 사례라 할 수 있다.

2. 좋아하는 일로 새로운 인생을
― 와인 앤 프렌즈의 구덕모 사장

"제일 좋아하는 것으로 인생의 2막을 시작했죠. 영업과 비즈니스를 위해 마시던 와인으로 사업을 하게 됐으니 말입니다."

구덕모 와인 앤 프렌즈 사장은 전 LG필립스 LCD 부사장으로 퇴임 후 강남에 아담한 와인 바를 차렸다. 퇴직을 하면서 계열사의 사장으로 전직할 기회도 있었지만 잘 알고 있던 선배가 "2~3년간의 계열사 근무가 당장의 위안은 될지 모르지만 타인 의존도를 높이게 되어 그 이후의 생활이 더 힘들어 질 수 있다"며 차라리 하루라도 빨리 자신이 하고 싶은 일을 시작하라고 조언했다고 한다. 그래서 퇴직금의 절반을 부인에게 주고 그 나머지 돈으로 자신이 그토록 하고 싶었던 와인 바를 열었다. 조용한 사랑방 같은 분위기를 위해 인테리어와 공간 배치 모두를 직접 관심을 가지고 진행했다. 그리고 자신이 좋아하는 클래식 음악을 들려준다. 자신이 좋아하는 와인과 음악 속에서 와인을 좋아하는 사람들과 같이 지내는 삶은 은퇴 전 그렇게 꿈꾸던 환상 같은 일이라고 한다.

"반도체나 LCD 등 IT업계 사람들이 사랑방처럼 드나들 수 있는 편한 와인 바를 만들고 싶었어요. 그리고 그 꿈을 이뤄가고 있죠. 인테리어도 제가 꿈꾸던 스타일로 뉴욕 분위기로 했어요. 기술의 변화 속도에 맞춰 빠르게 살았던 '패스트 라이프(fast life)'를 접고 이제 '슬로 라이프(slow life)'를 살고 있죠. IT는 빠르지 않으면 도태되지만 와인은 느림의 미학이 있습니다."

그가 와인을 처음 접한 건 1970년대 뉴욕 주재원 시절로 당시 빅 바이어에게서 와인의 기본을 배웠다. 그때 업무를 더 잘 하기 위해 각종 와인 서적을 읽고 익혔던 것인데 그것을 통해 고객을 감동시키는 방법을 터득했던 것. 그는 현직에 있을 때도 모든 비즈니스 자리에 와인을 빼놓지 않았다. 세계 어느 나라에서 온 바이어와도 와인을 매개로 이야기를 풀어나가면 업무는 물론이고 개인적 친분까지 저절로 쌓였다고 한다.

초기에 이곳을 찾은 손님 대부분은 구 사장의 인맥으로 이어진 사람들이었으나 차츰 와인 동호회나 한 번 이곳을 찾았던 사람들의 입소문을 듣고 찾아오는 사람들이 많아지고 있다고 한다. 나도 처음에는 와인 동호회 모임으로 그곳을 찾았는데 그 이후 다른 자리에서 만난 IT업계의 지인이 또 이곳을 좋은 와인 바라고 소개를 하는 것이었다. 그리고 공교롭게도 집사람 모임에 있는 부부의 초대를 받아서 간 장소가 또 여기였다. 언제 보아도 구 사장은 정말 인생의 즐거움을 온몸으로 느끼며 산다는 분위기를 물씬 풍긴다.

3. 딸과 함께 새로운 일을 하는 행복
— 지산 분재원의 조원희 씨

동부간선도로를 타고 의정부를 향해서 가다 보면 서울시와 의정부의 경계지역에 화훼단지가 있다. 그 안에 지산원이라는 분재원이 있는데 이 분재원의 원장이 조원희(64) 씨이다.

조 씨는 서울 강북의 단독주택에 살면서 공무원 남편의 월급으로 네 딸을 길렀다. 취미로 소품 분재를 만들어온 조 씨는 주민센터에서 동네 주부들을 상대로 분재를 가르치다가 2001년 의정부에 월세 55만 원짜리 비닐하우스(214m³, 65평)를 임대해 화원을 냈다. 조씨는 "제자들 재료나 대겠다는 소박한 목표로 시작했는데 첫 달에만 소품 분재가 5,000만 원어치 팔려 깜짝 놀랐다"고 했다. 조씨는 10년째 꾸준히 억대 수입을 올리고 있다.

조 씨는 노후에 지루하지 않게 하루하루를 지내는 것이 중요한

법인데 자기가 가장 좋아하는 꽃과 같이 지내면서 거기다 많은 소득까지 올릴 수 있어 생활이 너무 즐겁다고 한다. 처음에는 공직에서 은퇴한 남편이 많이 도와주었지만 지금은 원예를 전공하고 일본에서 분재를 배워 온 막내딸과 같이 분재원을 운영하고 있다.

조 씨의 제자들 중에는 남편이 퇴직할 때를 대비해서 분재를 배우는 주부가 많다. 지금까지 7명이 가게를 냈다. 조씨는 "식물 가꾸는 일을 정말 좋아해서 가게를 낸 사람들은 솜씨가 쑥쑥 늘고 장사도 잘 되는데, 생계 욕심이 앞서는 사람은 잘 안 된다"고 했다. 조 씨는 "젊은 주부들이 '아이들 학원 데리고 다닌다'는 핑계로 의미 없이 어울려 다니는 게 안타깝다"며 "엄마 뒷바라지가 꼭 필요한 시기 말고는 자기 취미를 개발해 노후에 대비해야 한다"고 했다. 주부들이 아이들 뒷바라지에 매달려야 하는 젊은 시절에는 취미활동 정도로 분재를 즐기다가 좀 시간이 나고 한가해지면 전문적으로 이런 일을 하는 것도 매우 좋을 것이라고 한다.

4. 은퇴설계 워크숍 후기
— 아내뜨 1박 2일의 기억들

서울을 출발할 때만 해도 그렇게 많은 눈이 쌓였으리라고는 생각하지 못했다. 해발 1,000m가 넘는 운두령 초입에서부터 경치가 달라지기 시작했고 아내뜨를 찾는 중요한 포인트가 되는 방내리에 이르러서는 진입로에 쌓인 눈을 보고 초행길일 참석자들을 생각하니 암담해지기 시작했다. 방내교에서 비포장과 좁은 시멘트 포장도로를 따라 아내뜨에 진입하면서 그 걱정은 마침내 한계에 이르렀다. 간신히 먼저 나 있는 트럭 바퀴자국을 따라 천천히 나아가는 승용차의 바닥에 얼어버린 눈이 스치는 소리는 더욱 신경을 쓰이게 했다.

* 행복한 은퇴연구소에서 진행하는 1박2일 과정의 은퇴설계 워크숍에 대한 후기이다. 이 워크숍은 매월 강원도 홍천의 아내뜨에서 부부들을 대상으로 진행된다.

　예상했던 시간보다 30여 분 더 걸려 도착한 아내뜨는 3월 말이라고는 도저히 믿기지 않을 만큼 온통 백설 속에 파묻혀 있었다. 7년간의 독일 생활 끝에 2만여 평의 공간에 그들만의 성을 지어 놓고 우리를 맞은 주인장 마당쇠님과 실질적인 주인인 '곤죽이 된 공주님'과 그 분들의 조카 부부는 간신히 사람이 다닐 수 있을 정도의 제설작업과 우리 14명을 숙식을 해결하기 위한 준비로 정신이 없었다. 이곳 생활 8년 만에 처음 이런 폭설을 본다며 주인 부부는 고개를 설레설레 흔들었다. 진입로 찾기가 어려워 부근에서 많은 시간을 허비하기는 했지만 생각보다는 일찍 도착한 참석자들은 한결같이 길을 찾느라 애를 먹었다는 하소연을 하면서도 한편으로는 이런 오지에 환상 같은 공간이 존재한다는 것에 대해 입을 다물지 못했다.

일층 카페에서 약초 다린 차로 간단히 먼 여행길의 피로를 녹이고 50인 규모의 음악 홀에 마련된 곳에서 오전 학습에 들어갔다. 과정 소개와 일반적으로 우리가 생각하는 후반기 삶에 대한 개념들, 이에 대한 바른 방향 등으로 오전 강의를 마무리 하였다. 홍천 깊은 산속에서 채취한 각종 나물과 주인장이 직접 유기농기법으로 가꾼 채소 등으로 차려진 꿀맛 같은 점심을 마치고 휴식을 겸해 숙소 배정과 아내뜨 주변을 산책하는 시간을 가졌다. 오후에

는 각자의 인생 여행에서 우리 부부는 지금 어디쯤 와 있고 어디를 향해서 얼마나 더 가야 되는지, 그리고 그 과정에서 누구와 어디서 무엇을 하며 살아야 할지에 대해 너무나 진지하고 뜻깊은 대화들을 나누었다.

저녁 식단은 청정지역에서 기른 흑돼지를 참나무 숯불로 구워 유기농 야채와 함께 먹는 흑돼지 바비큐로 마련되었다. 모든 음식들은 하루의 피로와 고단함을 말끔히 씻어주는 청량제와 같았다. 물론 대한민국 최고의 공기와 물은 덤이었다.

주변 지역은 휴대폰도 터지지 않고 스위스 풍으로 꾸며진 숙소에는 TV나 인터넷도 없다. 자연과 대화를 하든지 아니면 주변 사람들과 대화를 하지 않으면 잠자는 것 외에는 할 것이 없는 공간이다. 기왕이면 어렵게 낸 시간을 대화도 많이 하고 여러 가지 잡사에서 멀리 떨어져서 생각하는 시간을 가져보라는 주인장의 의도와 워크숍을 준비한 내 생각이 딱 맞아떨어지는 부분이다.

다음날 아침 해가 뜨기 전까지, 차가운 날씨에도 참석자들은 이른 새벽부터 기상을 해서 산책을 하며 자연을 음미했다. 아침 식사는 유기농으로 재배한 밀로 직접 구운 빵에 열두 시간 이상을 숙성시켜 만든 치즈, 그리고 각종 과일과 야채로 준비가 되어 있었는데 참석자 대부분은 함께 준비된 한식보다는 다들 빵의 맛에 매료되어 빵으로 아침을 들었다. 2일 차의 학습은 후반기 삶에서 우리가 새롭게 배워야 할 것과 어떤 모습으로 발전해 갈 것인지 그리고 후반기의 스케줄 표를 무엇으로 채울 것인지, 그리고 그

여행 지도를 어떻게 그럴 것인지에 대해 진지한 토론과 대화가 진행되었다.

　마지막 식사는 갖은 산나물로 정성껏 준비한 산채 비빔밥으로 들면서 아내뜨의 기억을 갈무리하고 아쉬움을 달랬다.

과정이 끝난 후 참석자들이 보내온 소감

- 이번 워크숍을 통하여 흔히 제2의 인생이라고 하는 은퇴 이후의 삶을 진지하게 고민하고 생각해 보는 시간과 계기를 가졌다는 것이 매우 유익하였습니다. 무엇보다 일상에 치여, 미래에 대한 막연한 두려움으로 이런 고민을 진지하게 해 보지 못한 저희 부부에게는 아주 의미 있는 시간이었습니다.

- 좋은 기억과 추억을 남기게 해주셔서 감사합니다. 아내뜨 이후, 아내를 더욱 소중히 생각하게 되었고, 서로를 사랑하게 만들어준 좋은 시간이었습니다. 이제는 감상에 빠지지 말고, 아내뜨에서 생각했던 일들을 세상에서 행하고 결실을 맺고자 합니다. 힘이 들겠죠! 앞으로 재미를 느낄 수 있고 수고와 노동을 아끼지 않는 삶을 만들어 가겠습니다. 정말 소중한 시간이었습니다.

- 아내뜨를 찾아 갈 때와 Second life planning 과정을 마치고 집에 돌아 올 때 차 안에서 나눈 아내와의 대화는 너무나 달랐습니다.

  찾아갈 때의 모습은 현실에만 집착하면서 마냥 바쁘게 살아온 우리 가정의 현실을 생각해 두 번째 삶이 늦게 찾아오기만을 바라고 미리 생각조차 하기 싫어 긴장과 걱정으로 가득차 있었는데 돌아올 때는 은퇴 후 준비의 필요성을 절실히 공감하고 서둘러서 비전과 목표를 설정하고 수행해야겠다는 다짐을 하게 되었습니다. 무언가 준비해야 할 것이 우리에게 주어졌고 함께 미래를 설계한다는 것 자체가 우리를 기쁨과 행복으로 가득차게 하였습니다. 즐거운 과정을 보내게 된 것 진심으로 감사드립니다.

- 우리 부부의 후반기 삶이 막연히 잘 될 거라고, 그리고 이제

는 적당히 쉬면서 여가나 즐길 거라고 생각했던 내 자신이 너무 무서워졌다.

- 혹시 회사가 나를 내보내기 위한 전초전으로 이런 과정에 참석시켰는가 생각했는데 당연히 그런 과정이 아니라는 것을 알게 되었고 또 현실적으로 피하고 싶었던 후반기 삶에 대한 진지한 고민과 준비를 체계적으로 해야 한다는 것을 알게 되었다.

- 그동안 집안일과 남편 뒷바라지 때문에 잊고 있었던 내 자신의 꿈(작가)을 이루기 위해 행동해야 하는 중요한 동기를 찾은 것이 너무 기쁘다.

- 회사의 장기 프로젝트에는 많은 열정을 가지고 임했지만 막상 내 자신과 우리 부부의 미래를 위한 인생 프로젝트에는 너무나 무관심했다는 것을 알게 되었다. 집사람과 같이 우리의 미래를 적극적인 태도로 맞이할 준비를 해야겠다.

- 평소 하고 싶었던 아이스크림 가게(어린이 집, 성직자들의 노후 쉼터)를 운영할 수 있는 구체적인 방법을 찾아보겠다.

KI신서 2374

다시 생각하는 은퇴 경제학

1판 1쇄 인쇄 2010년 04월 19일
1판 1쇄 발행 2010년 04월 26일

지은이 전기보 **펴낸이** 김영곤 **펴낸곳** (주)북이십일 21세기북스
출판콘텐츠사업부문장 정성진 **생활문화팀장** 김선미
기획편집 김미경 **영업·마케팅** 최창규 김보미 김용환 이경희 허정민 김현섭 노진희
출판등록 2000년 5월 6일 제10-1965호
주소 (우413-756) 경기도 파주시 교하읍 문발리 파주출판단지 518-3
대표전화 031-955-2100 **팩스** 031-955-2151
이메일 book21@book21.co.kr **홈페이지** www.book21.com **커뮤니티** cafe.naver.com/21cbook

값 12,000원
ISBN 978-89-509-2327-3 03840

이 책 내용의 일부 또는 전부를 재사용하려면 반드시 (주)북이십일의 동의를 얻어야 합니다.
잘못 만들어진 책은 구입하신 서점에서 교환해 드립니다.